essentials

Essentials liefern aktuelles Wissen in konzentrierter Form. Die Essenz dessen, worauf es als „State-of-the-Art" in der gegenwärtigen Fachdiskussion oder in der Praxis ankommt. Essentials informieren schnell, unkompliziert und verständlich

- als Einführung in ein aktuelles Thema aus Ihrem Fachgebiet
- als Einstieg in ein für Sie noch unbekanntes Themenfeld
- als Einblick, um zum Thema mitreden zu können

Die Bücher in elektronischer und gedruckter Form bringen das Expertenwissen von Springer-Fachautoren kompakt zur Darstellung. Sie sind besonders für die Nutzung als eBook auf Tablet-PCs, eBook-Readern und Smartphones geeignet.

Essentials: Wissensbausteine aus den Wirtschafts, Sozial- und Geisteswissenschaften, aus Technik und Naturwissenschaften sowie aus Medizin, Psychologie und Gesundheitsberufen. Von renommierten Autoren aller Springer-Verlagsmarken.

John Erpenbeck • Simon Sauter
Werner Sauter

E-Learning und Blended Learning

Selbstgesteuerte Lernprozesse zum Wissensaufbau und zur Qualifizierung

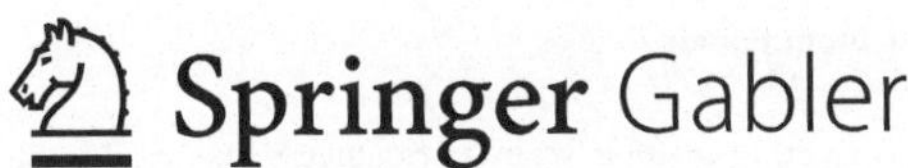

Prof. Dr. John Erpenbeck
Steinbeis Universität Berlin
Berlin
Deutschland

Simon Sauter
Blended Solutions GmbH
Berlin
Deutschland

Prof. Dr. Werner Sauter
Blended Solutions GmbH
Berlin
Deutschland

ISSN 2197-6708
essentials
ISSN 2197-6716 (electronic)
ISBN 978-3-658-10174-9
ISBN 978-3-658-10175-6 (eBook)
DOI 10.1007/978-3-658-10175-6

Die Deutsche Nationalbibliothek verzeichnet diese Publikation in der Deutschen Nationalbibliografie; detaillierte bibliografische Daten sind im Internet über http://dnb.d-nb.de abrufbar.

Springer Gabler

Gedruckt auf säurefreiem und chlorfrei gebleichtem Papier

Springer Fachmedien Wiesbaden ist Teil der Fachverlagsgruppe Springer Science+Business Media (www.springer.com)

Inhaltsverzeichnis

Die Lernlandschaft wandelt sich 1

E-Learning verändert seit nunmehr zwanzig Jahren das Lernen, insbesondere in den Unternehmen.[1] Die Ausprägungen des E-Learning haben sich dabei fundamental verändert. Zwischenzeitlich befinden wir uns in der vierten Stufe des E-Learning (Abb. 1.1).

Für den Wissensaufbau und die Basisqualifizierung haben sich *E-Learning Arrangements* bewährt. Die Bereitstellung von Web Based Trainings oder Lernvideos ohne Einbindung in ein Lernarrangement klappt jedoch häufig nur unter Druck. E-Learning Arrangements bieten den Vorteil, dass jeder Lerner[2] selbstgesteuert, d. h. exakt an seinem Bedarf orientiert, und aktiv lernen kann. Er kann darüber hinaus seine Lernzeit, seinen Lernort sowie Lerntempo und Lernstil individuell bestimmen. Voraussetzung für effiziente E-Learning-Systeme sind Lernarrangements, die den Lerner über herausfordernde Aufgaben und Übungen während der gesamten Lernzeit aktiv fordern.

In zukünftigen Arrangements der Kompetenzentwicklung sehen wir E-Learning immer mehr in der Funktion, das notwendige Fachwissen „on-demand" zur Verfügung zu stellen, wenn der Mitarbeiter oder die Führungskraft bestimmtes Wissen zur Lösung von Herausforderungen in der Praxis benötigen. In bestimmten Themenbereichen, z. B. bei Sicherheitsfragen, werden wir E-Learning jedoch weiterhin im Sinne von „Vorratslernen" einsetzen müssen.

15 Jahre nachdem sich der Begriff des *Blended Learnings*, zuvor hybrides Lernen genannt, in Deutschland durchgesetzt hat, gewinnen diese Lernarrangements

[1] Vgl. im Folgenden Erpenbeck und Sauter (2013); Sauter und Sauter (2014).

[2] Der Inhalt der vorliegenden Publikation bezieht sich in gleichem Maße auf Frauen und Männer. Aus Gründen der besseren Lesbarkeit wird jedoch die männliche Form für alle Personenbezeichnungen gewählt. Die weibliche Form wird dabei stets mitgedacht.

J. Erpenbeck et al., *E-Learning und Blended Learning,* essentials,
DOI 10.1007/978-3-658-10175-6_1

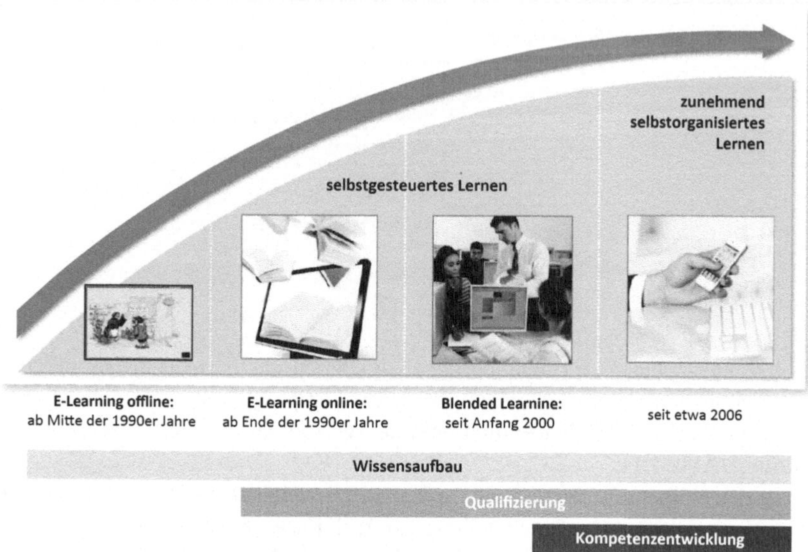

Abb. 1.1 Entwicklungsstufen des E-Learning

auch in der Breite an Bedeutung.[3] Dies wird aus dem MMB Learning Delphi 2014, in dem deutsche Bildungsexperten die wichtigsten Entwicklungen in der betrieblichen Bildung einschätzen, deutlich.[4] Blended Learning, also eine Mischung aus traditionellen und computergestützten Lernangeboten, erreicht mit 99 % der Befragten den absoluten Spitzenwert (Abb. 1.2).

Diese Expertenmeinungen decken sich weitgehend mit unseren eigenen Erfahrungen in Praxisprojekten. Wir sind jedoch der Meinung, dass die Blickwinkel dieser Untersuchungen etwas zu eng sind. Die Entwicklungen in der betrieblichen Bildung zeigen sich nach unseren Eindrücken weniger an den Trends der eingesetzten Lerntechnologien, als an dem Paradigmenwechsel vom fremdgesteuerten zum selbstgesteuerten, eigenverantwortlichen Lernen, aber auch in der Erweiterung der Wissens- und Qualifikationsziele um Kompetenzziele sowie dem Wandel von curricularen Seminarangeboten zum bedarfsorientierten Lernen „on-demand".

Für Qualifizierungsmaßnahmen haben sich Blended Learning Arrangements in all unseren Projekten als besonders effizient erwiesen, sofern die für den Lernerfolg notwendigen Gestaltungselemente konsequent umgesetzt werden. Gegen-

[3] Vgl. Sauter und Sauter (2. überarb. Aufl. 2004).

[4] MMB (2014).

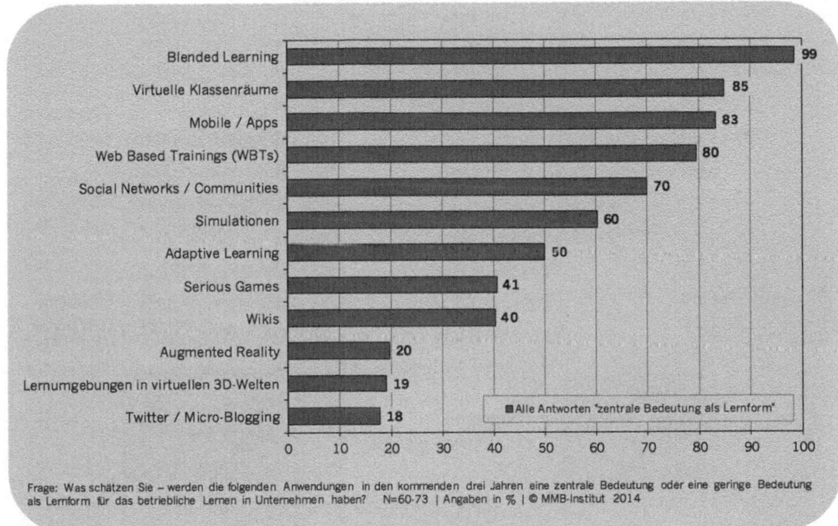

Abb. 1.2 Bedeutung der Lernanwendungen für betriebliches Lernen. (Quelle: Learning Delphi 2014 MMB)

über reinen Seminarkonzepten kann der Anteil der Präsenzveranstaltungen auf 30 % und weniger der bisherigen Seminartage reduziert werden. Trotzdem hat sich die Lerneffizienz als höher erwiesen.

Für E-Learning und Blended Learning sind Lernarrangements erforderlich, welche die notwendige Verbindlichkeit für eigenverantwortliches Lernen sichern und die Lernprozesse dabei flankieren. Deshalb kommt der didaktisch-methodischen Analyse bei der Entwicklung von E-Learning und Blended Learning Arrangements eine besondere Bedeutung zu. Nach dem Primat der Didaktik weist dieser didaktisch-methodische Entwicklungskreislauf die in Abb. 1.3 gezeigte grundlegende Struktur auf.

In der didaktischen Analyse werden die Wissens- und Qualifikationsziele sowie die Inhalte, häufig im Rahmen eines vorgegebenen Curriculums, definiert. Die formellen Lernziele sind deshalb für alle Teilnehmer identisch, die entsprechenden Lerninhalte sind standardisiert. Ergänzend können die Lerner im Rahmen von Transferaufgaben oder herausfordernden Praxisprojekten individuelle Kompetenzziele formulieren.

Auf dieser Grundlage erfolgt die methodische Analyse, die den Lehr-/Lernprozess, die Medien und die Erfolgsmessung festlegt. Dabei steht vor allem die Frage im Vordergrund, wie die Lernumgebung und die Lernprozesse gestaltet

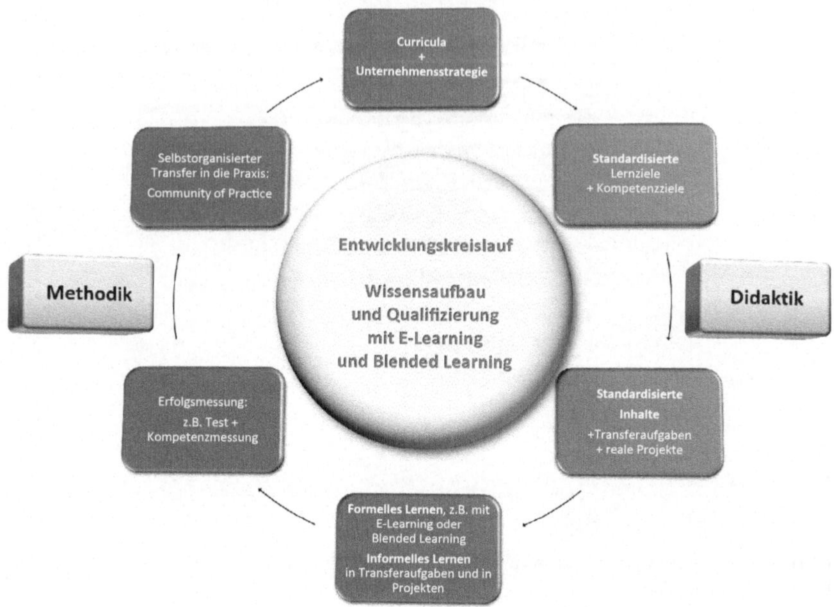

Abb. 1.3 Didaktisch-methodischer Kreislauf des betrieblichen Lernens mit dem Schwerpunkt Wissensaufbau und Qualifizierung. (Eigene Darstellung)

werden können, sodass sie den Wissensaufbau und die Qualifikation ermöglichen und eine möglichst hohe Lerneffizienz aufweisen. Hierbei kommt dem Aspekt der Selbststeuerung eine besondere Bedeutung zu. Kompetenzentwicklungsmaßnahmen können diese Lernprozesse ergänzen und über Projekttagebücher u. ä. in die Lernprozesse integriert werden. Bei wissens- und qualifikationsorientierten Lernarrangements überprüft man den Erfolg meist mit Tests, evtl. ergänzt um Kompetenzmessungen.

Wissensaufbau mit E-Learning 2

E-Learning bezeichnet das prozessorientierte Lernen in Szenarien, das mit Informations- und Kommunikationstechnologien sowie mit darauf aufbauenden (E-Learning-)Systemen unterstützt bzw. ermöglicht wird. Das wesentliche Element sind hierbei WBT – Web Based Trainings.[1]

Der Begriff „E-Learning" ist aber keineswegs auf diese technologischen Ebenen beschränkt, sondern umfasst vielfältige konzeptionelle Elemente des Lernens mit dem Ziel, selbstgesteuerte oder organisierte Lernformen zu fördern.

„*Reine*" *E-Learning-Systeme*, d. h. ohne Präsenzphasen, können nach den evaluierten Erfahrungen eine hohe Lerneffizienz aufweisen, sofern sie sich auf die Lernzielebene des Wissensaufbaus und der Qualifikation beschränken und die methodische Gestaltung eine hohe Problemorientierung besitzt.

Die Mitarbeiterentwicklung soll dazu beitragen, die strategischen Ziele der jeweiligen Unternehmung zu erreichen. Deshalb muss in der didaktischen Analyse zur Entwicklung einer Lernkonzeption immer die Frage am Anfang stehen, welche Anforderungen sich aus der Unternehmensstrategie für die Mitarbeiterentwicklung herleiten. In diesem Kontext sind Curricula, die von zentralen Institutionen, z. B. dem DIHK, vorgegeben werden, nicht hilfreich, auch wenn sich viele Unternehmen sowohl in der Aus- als auch in der Weiterbildung immer noch daran orientieren (müssen?).

Auch wenn, wie z. B. in der Berufsausbildung, standardisierte Lernziele zu berücksichtigen sind, ist eine didaktische Analyse erforderlich, die darüber hinaus die Definition unternehmensspezifischer Lernziele und -inhalte ermöglicht. In diesem Fall bilden die vorgegebenen Lernziele den notwendigen Kern, der um unternehmens- bzw. mitarbeiterspezifische Lernziele zu erweitern ist. Diese werden sich

[1] Vgl. im Folgenden Sauter und Sauter (2014); Kuhlmann und Sauter (2008); Erpenbeck und Sauter (2007).

J. Erpenbeck et al., *E-Learning und Blended Learning,* essentials,
DOI 10.1007/978-3-658-10175-6_2

im Regelfall auf die angestrebten Handlungsweisen der Mitarbeiter konzentrieren. Dies hat wiederum Konsequenzen für die Gestaltung der Lernarrangements sowie der Web Based Trainings.

2.1 E-Learning Arrangement

E-Learning basiert auf *Web Based Trainings* (*WBT*), d. h. interaktiven Lernprogrammen, die im stehen und multimedial aufbereitet werden.

Web Based Trainings sind im Regelfall Elemente formeller Lernprozesse, die vor allem die Aufgabe haben, den Aufbau gesicherten Wissens zu ermöglichen und es über Übungen und evtl. Transferaufgaben zu festigen. In selbstorganisierten Lernprozessen können sie dazu dienen, die Strukturierung der individuellen Lernprozesse zu unterstützen, den Lernern die erforderliche Orientierung und die Lernmöglichkeiten zu bieten, Informationen über ihre Lernprozesse und Entwicklungsstände zu geben sowie aktivierende Lernstrategien zu fördern. Diese Aspekte haben sich als wesentliche Erfolgsfaktoren für das Lernen erwiesen.[2]

In der Praxis werden Web Based Trainings häufig den Lernern als „Stand-alone-Lösung", also ohne Einbettung in ein Lernarrangement, zur Verfügung gestellt. Dabei wird dann oftmals unterstellt, dass die Bearbeitung der Lernprogramme einem Lernerfolg gleichzusetzen ist. Damit kann man vielleicht Controller oder Hausjuristen überzeugen, aber die Bewertung der Mitarbeiterentwicklung eines Unternehmens kann nicht auf eine solche Zahl reduziert werden.

Es ist eine Binsenweisheit, dass vor allem bei großen Mitarbeiterzahlen beispielsweise eine Compliance-Schulung mit Web Based Trainings billiger ist als mit Seminaren. Aber in beiden Fällen wird sich die Unternehmenskultur mit hoher Wahrscheinlichkeit nicht verändern. Damit wird das eigentliche Ziel dieser Maßnahmen, z. B. rechtskonformes Handeln aller Mitarbeiter zu bewirken, nicht erreicht. Sie sind somit nutzlos, d. h. in beiden Fällen wurde das Geld mehr oder weniger „aus dem Fenster geworfen". Aber zumindest hat man Aktivität gezeigt und unternehmensweit dokumentiert, wer, evtl. mit welchem „Lernerfolg" in einem Wissenstest, die WBT bearbeitet hat. Dies kann in einem möglichen Rechtsstreit später nützlich sein, hat aber mit Lernen wenig zu tun.

In der betrieblichen Bildung haben wir sehr gute Erfahrungen mit E-Learning Arrangements gemacht, die mit einem virtuellen Kickoff (Webinar) von ca. 3 Stunden starten und jeweils ca. vierwöchige Selbstlernphasen mit Webinaren zur Klärung offener Fragen kombinieren (Abb. 2.1).

---

[2] Vgl. Hattie (2009).

Abb. 2.1 Vorschlag für ein E-Learning Arrangement. (Eigene Darstellung)

Selbstgesteuertes Lernen, insbesondere auch mit WBT, wird erfolgreich sein, wenn folgende Bedingungen erfüllt werden:

- *Struktur*: Längere, selbstgesteuerte Lernprozesse werden nur dann erfolgreich sein, wenn die Lerner eine klare Orientierung erhalten. Die pädagogische Forschung hat nachgewiesen, dass die Motivation für den Lernerfolg eine nachgeordnete Bedeutung hat, während die Mobilisierung der Vorkenntnisse, die Herstellung von Verknüpfungen zwischen schon vorhandenem und neuem Wissen und die Anbahnung des Verstehens Lernprozesse nachweisbar fördert. Es ist deshalb günstiger für den Lernerfolg, wenn nicht mit grafisch aufwendig gestalteten, „motivierenden" Elementen begonnen wird, sondern der Lerner von Anfang an eine klare Struktur der Ziele und Inhalte vermittelt bekommt. Diethelm Wahl nennt dies „Advance Organizer". Damit sind im Voraus gegebene Lernhilfen in Form einer Expertenstruktur gemeint, die die Inhalte organisieren und strukturieren („organizer"). Diese bewirken nachweislich einen höheren Lernerfolg sowie eine bessere Motivation und Orientierung, insbesondere auch bei „schwierigen" Themen. Dieser Ansatz hat sich vor allem in Lernarrangements bewährt, die kooperativ und selbstgesteuert sind.[3]
- *Verbindlichkeit*: Die Lernprozesse müssen mit einem hohen Verbindlichkeitsgrad vereinbart werden, weil sonst die Gefahr besteht, dass sich die ursprünglichen Vorsätze zum Lernen mehr oder weniger in Luft auflösen. Deshalb empfehlen wir auch bei reinen E-Learning-Lösungen mit einem *Kickoff*, evtl. als Webinar gestaltet, zu starten. In diesem Rahmen können grundlegende Lern-

[3] Vgl. Wahl (2011).

schritte („Meilensteine“) vereinbart und Lernpartnerschaften gebildet werden. Damit wird es möglich, die selbstorganisierten Lernphasen durch Jour fixe der Lerntandems in weitere, meist wöchentliche, Abschnitte zu unterteilen. Die Praxis zeigt, dass sich durch diese regelmäßigen Vereinbarungen in kurzen Zeitabständen und dem Versprechen gegenüber dem Lernpartner der Grad der Verbindlichkeit in hohem Maße steigern lässt. Die Überprüfung des aufgebauten Wissens, z. B. mittels Tests, kann die Verbindlichkeit weiter steigern.

- *Kommunikation mit Lernpartnern und Experten*: Selbstorganisiertes Lernen setzt voraus, dass die Lerner offene Fragen mit Lernpartnern und Experten besprechen können. Deshalb kommt der Kommunikation – z. B. in themenbezogenen Foren, in Chats oder in Webinaren – eine große Bedeutung zu.
- *Lernbegleitung durch E-Tutoren und E-Coaches*: Je stärker sich die Lernpartner gegenseitig in ihren Lernprozessen unterstützen, umso weniger müssen Lernbegleiter wie E-Tutoren oder E-Coaches die individuellen Lernprozesse mit steuern und flankieren. Die Lernbegleiter müssen dabei ein Gleichgewicht zwischen der Ermöglichung selbstgesteuerter Lernprozesse und der Lernbegleitung finden, damit die Lerner einerseits genügend Orientierung erhalten, andererseits aber auch nicht zu sehr fremdgesteuert werden. In der Praxis hat es sich in E-Learning Arrangements bewährt, ein Forum als „Themenspeicher“ einzurichten, in den die Lerner alle Fragen einstellen können, die sie trotz des WBT und der Lösungsversuche mit dem Lernpartner nicht klären konnten. Der E-Coach greift diese Fragen zeitnah auf und beantwortet sie entweder schriftlich oder, falls sie komplexer Natur sind, in einem Webinar.
- *Regelmäßige Rückmeldung*: Selbstgesteuertes Lernen setzt eine Orientierung voraus, d. h. der Lerner muss immer wissen, wo er steht. Deshalb sollte er bei jeder standardisierten Aufgabe, die er im WBT bearbeitet, eine klare Rückmeldung über das Scoring erhalten. Lösungen für offene Aufgaben können aber heute noch nicht durch den Computer bewertet werden. Dafür ist das Lernen mit Partnern, in Tandems oder in Gruppen erforderlich, um das notwendige Feedback zu sichern. Teilweise wird diese Rückmeldung durch den E-Tutor oder einen E-Coach gegeben.
- *Flankierung*: Erfolgreiches Lernen erfordert neben dem regelmäßigen Feedback von Lernpartnern oder -begleitern auch die Motivation und Unterstützung durch andere. Auch in diesem Bereich haben sich in unserer Praxis die Lerntandems sehr gut bewährt, während das E-Tutoring hier deutliche Grenzen zeigt, weil die Kommunikation im Regelfall schriftlich erfolgt.

Deshalb setzen erfolgreiche E-Learning-Systeme zwingend Learning-Management-Systeme oder Soziale Lernplattformen voraus. Die Bereitstellung von WBT im Intranet, ohne die Möglichkeit zur Online-Kommunikation mit Lernpartnern und E-Coaches, wird dagegen nur dann zum (jedoch nur zahlenmäßigen) „Erfolg" führen, wenn die Bearbeitung über „Bearbeitungslisten", verbunden mit Druck durch die Führungskräfte, sichergestellt wird.

2.2 Content-Entwicklung

Die Verantwortung für den Content liegt im formellen Lernbereich bei der Personalentwicklung des Unternehmens, insbesondere wenn es um das Erstellen, Speichern, Distribuieren und Verwalten von E-Learning-Lösungen in Form von *Reusable Learning Objects* (*RLO*), d. h. wiederverwendbare Lerneinheiten wie Web Based Trainings geht,. Im Regelfall wird sie dabei von Unternehmen unterstützt, die sich auf die Produktion von Web Based Trainings, teilweise auch von Lernvideos und -audios, spezialisiert haben. Daneben werden weiterhin Printmedien, z. B. Studienbriefe oder Arbeitsblätter, eingesetzt.

2.2.1 Entwicklungstools für Web Based Trainings

Die Entwicklung von Web Based Trainings kann vor allem über Learning Content Management Systems (LCMS) oder Autorenwerkzeuge erfolgen.

Ein LCMS dient der Entwicklung und Pflege der Inhalte und ermöglicht die effiziente Produktion und Verwaltung der Lerninhalte.

Professionelle LCMS machen es möglich, beliebige Inhaltselemente, sogenannte Lernobjekte, wiederzuverwenden und zu neuen Trainings zusammenzustellen. Damit vermeidet ein LCMS die mehrfache Erstellung inhaltlich gleicher Lernobjekte und beschleunigt die Generierung zielgruppengerechter Trainings. Über eine Trennung von Layout und Inhalt können Lernprogramme ohne größeren Aufwand im Erscheinungsbild der jeweiligen Unternehmen dargestellt werden. Somit werden Zeit und Kosten eingespart.

Die Anforderungen an LCMS in Hinblick auf Lernerorientierung und Wirtschaftlichkeit können nur dann erfüllt werden, wenn folgende Strukturmerkmale gesichert werden:

- Die Struktur der WBT wird über eine Sammlung differenzierter Templates für Ansichten (z. B. Hinführungen), verschiedene Aufgabentypen oder Tests definiert. Damit können Medienentwickler die Struktur der WBT gestalten.
- Das System ist um neue didaktische und methodische Elemente erweiterbar.

- Inhalte in den WBT können beliebig verändert werden.
- Das Layout kann einfach an das Corporate Design des Nutzers angepasst werden.
- Inhalt und Layout werden getrennt voneinander bearbeitet.
- Die einzelnen Elemente eines WBT (Lernobjekte), z. B. Texte, Grafiken, Fotos, Flash, Tests u. a., werden in einer Datenbank für Lernobjekte (Learning Object Repository) abgelegt und können wiederverwertet werden. Ergänzt werden diese durch Metadaten, die die Lernobjekte beschreiben. Moderne LCMS können dabei einzelne Lerneinheiten bereitstellen oder individuelle Lernlösungen generieren. Weiterhin enthält die Datenbank externe Lerninhalte, z. B. aus anderen Datenträgern oder -banken, sowie Anwendungsprogrammen.
- Die Bedienung des Systems ist dynamisch (Dynamic Delivery Interface), intuitiv und somit ausgesprochen benutzerfreundlich. Deshalb ist ein User-Tracking integriert, das es ermöglicht, die Lernaktivitäten mitzuverfolgen und zu protokollieren.
- Das System umfasst eine Administrationsapplikation bzw. eine Schnittstelle zum Learning-Management-System oder zur Sozialen Lernplattform.
- Das System berücksichtigt Industriestandards, um die Verknüpfung mit anderen IT-Systemen zu sichern.

LCMS liefern die Trainingslogik durch das System. Die Navigationsmöglichkeiten und Übersichtsseiten werden zentral definiert und auch methodisch didaktische Grundkonzepte, wie beispielsweise eine kontextsensitive Wissensbasis oder die Möglichkeit, Tests zum Einstieg oder Abschluss von Trainings einzusetzen, sind bereits vorgegeben. Teilweise ermöglichen diese Systeme heute individuelles Lernen. Auf Basis von Lernerprofilen, vereinbarten Lernzielen und dem aktuellen Wissensstand bzw. der Lernstufe, die z. B. mittels Tests ermittelt werden, kann das Lernprogramm einen personalisierten Lernpfad generieren. Aufgaben und Inhalte werden den Lernern dann zur Verfügung gestellt, wenn sie diese benötigen. Dadurch werden Kurse dynamisch gestaltet.

Alle Daten werden auf einem Server zentral gespeichert und können somit in ein sicheres Ordnungssystem eingepflegt werden. Dort sind sie jederzeit auffindbar und können von allen Berechtigten bearbeitet werden. Die Daten werden zentral gesichert und stehen deshalb allen Nutzern immer in der gerade aktuellen Version zur Verfügung. Dies ist vor allem dann wichtig, wenn der Umfang der Lernprogramme im Laufe der Zeit kräftig wachsen soll. Ein Entwicklungskonzept mit vielen internen und externen Autoren und Redakteuren ist ohne einen zentralen Content Server kaum sinnvoll umsetzbar.

LCMS setzen bei Redakteuren und Autoren Abstraktionsfähigkeit voraus. Die Produktionsprozesse werden aber deutlich verschlankt, da die Medienentwickler keine Bildschirmseiten gestalten müssen. Durch die feingranulare Erfassung der Inhalte, unabhängig von ihrer tatsächlichen Darstellung am Bildschirm, wird die Datenqualität und damit auch der Wert der Daten erhöht, da diese vielfach wiederverwertet werden können. Im LCMS müssen Inhalte nur einmal eingegeben werden. Werden sie aktualisiert oder übersetzt, werden sie nur einmal an einer Stelle bearbeitet.

LCMS können Inhalte versionieren, sodass jede Änderung nachvollzogen und bei Bedarf rückgängig gemacht werden kann. Die Redakteure und Autoren können Benutzergruppen zugeordnet und mit entsprechenden System-Berechtigungen ausgestattet werden, um die Aufgaben und Zuständigkeiten im Produktions- und Pflegeprozess abzubilden. Dies ermöglicht die Zusammenarbeit auch bei räumlich verteilten Teams. Die Entwickler benötigen keine Programmierfähigkeiten. Obwohl dadurch manchmal die Flexibilität der Lösungen begrenzt wird, ergibt sich der Vorteil, dass alle Inhalte und Funktionen einheitlich sind.

Autorenwerkzeuge (*Automated Authoring Applications*) sind Einzelplatz-Lösungen zur Entwicklung von Web Based Trainings, die meist auf dem PC der Medienentwickler installiert werden.

Integrierte Applikationen automatisieren die Entwicklung von WBT und machen es möglich, Objekte aus anderen Lernprogrammen zu integrieren. Bei diesen Tools muss jede Bildschirmseite, z. B. auch Übersichten, Navigationsseiten, Lernstandanzeigen oder Sitemaps, einzeln umgesetzt werden. Deshalb ist der Aufwand zur Erstellung eines qualitativ hochwertigen und funktional reichhaltigen Trainings beim Einsatz dieser Systeme wesentlich höher als bei einem LCMS.

Aktuelle Entwicklungstools für WBT sind mithilfe der HTML5-Technologie auf vielfältigen Endgeräten verfügbar, vom Smartphone über Tablets und Windows PC bis zum Mac. LCMS sind als Client-Server-Systeme konzipiert. Die Entwicklungssoftware und die Lernobjekte sind damit an einer zentralen Stelle, sodass mehrere Entwickler am gleichen Lernprogramm arbeiten können, ohne am gleichen Ort zu sein.

2.2.2 Anforderungen an Web Based Trainings

In Lernprozessen ist die Gefahr einer unzureichenden Vernetzung neuen Wissens mit den vorhandenen Vorkenntnissen groß, wenn dieses lückenhaft oder schlecht organisiert ist. In diesem Fall sind die Vergessens-Prozesse nachweislich sehr hoch. Andererseits werden Lernprozesse begünstigt, wenn sie direkt an den Vorkenntnissen anknüpfen.[4] Deshalb ist es notwendig, Lernprogramme mit einer klaren Strukturierung zu beginnen.

Hilfreich für die Praxis der Lernkonzept-Entwickler sind Gestaltungsempfehlungen für E-Learning-Umgebungen, wie sie z. B. Günter Daniel Rey aufzeigt.[5] Die Anwender können aus einer Vielzahl von Gestaltungsempfehlungen für (Hyper-)Texte, Bilder, Animationen, Computersimulationen und Problemlösungsaufgaben wählen. Dabei werden auch unterschiedliche Lernroutinen berücksichtigt, die Einfluss auf diese Empfehlungen haben.

So wird beispielsweise empfohlen, das visuelle und akustische Arbeitsgedächtnis gleichzeitig zu nutzen. Dagegen sind geschriebene Texte, die parallel mittels Audio vorgetragen werden, für die Lerneffizienz schädlich. Die Menschen besitzen ihre eigene Lesegeschwindigkeit, die im Regelfall nicht mit der Sprechgeschwindigkeit des Audios übereinstimmt. Dadurch wird das Arbeitsgedächtnis des Menschen zusätzlich belastet, es entsteht eine Konfusion. Audios sind dagegen sinnvoll, wenn Grafiken, Ablaufschemata oder Kennziffern von einem Sprecher erläutert werden, weil dadurch sowohl das visuelle als auch das akustische Arbeitsgedächtnis aktiviert werden.

Häufig begegnet uns die Forderung, Lernprogramme müssten mit vielen anregenden Elementen angereichert werden, um die Motivation zu steigern. Dagegen zeigt die Lernforschung, dass solche „Motivationen" eine sehr geringe Auswirkung auf den Lernerfolg haben. Klare Strukturen, Anknüpfung an die Vorkenntnisse der Lerner und eine hohe Problemorientierung tragen dagegen wesentlich dazu bei, die Lernziele zu erreichen.

Auch die Ausrichtung von Lernprogrammen auf Lerntypen ist nicht sinnvoll. Dies wird durch die Lernforschung und die Neurowissenschaft belegt. Jeder Mensch weist in seinem Gehirn eine einzigartige biologische Struktur mit ganz individuellen Gedächtnisinhalten auf. Deshalb ist die Annahme plausibel, dass die Lernstrategien von Lerner zu Lerner und von Situation zu Situation unterschiedlich sind. Lernen ist demnach ein hochgradig einzigartiger Prozess.[6]

Die erstellten WBT können über eine auf SCORM (*S*harable *C*ontent *O*bject *R*eference *M*odel)-Standard basierende Schnittstelle auf jeder gängigen Lern-Plattform implementiert werden. *SCORM* ist ein internationaler Standard mit dem Ziel, dass E-Learning-Inhalte in verschiedenen Umgebungen aufgerufen und Lernerdaten ausgetauscht werden können.

[4] Vgl. Wahl (2011).

[5] Vgl. Rey (2009, S. 81 ff.).

[6] Vgl. Wahl (2006).

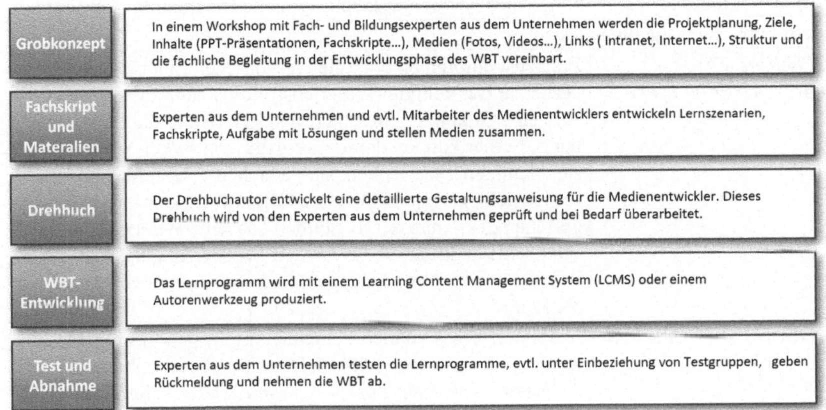

Abb. 2.2 Prozess der Medienentwicklung. (Eigene Darstellung)

2.2.3 Prozess der Medienentwicklung

Die Medienentwicklung erfolgt nach dem in Abb. 2.2 dargestellten Grundschema.

Die Erarbeitung der Fachmanuskripte erfordert von den Autoren die Kompetenz, problemorientierte Lernszenarien zu entwickeln und das erforderliche Wissen in modularisierter Form darzustellen. Nach dem „Primat der Ziele" bietet sich die in Tab. 2.1 beschriebende Vorgehensweise an.

2.2.4 User Generated Content

In Social Learning Arrangements werden die Inhalte immer mehr von den Lernern selbst entwickelt. Deshalb werden Systeme zur Entwicklung des Contents benötigt, die es möglich machen, Erfahrungswissen verständlich und rasch durch die Lerner selbst aufzubereiten.

Vor allem im Rahmen des Social Learning bereiten die Lerner Informationen und Erfahrungswissen für ihre Lernpartner immer mehr selbst auf. Die Nutzer Sozialer Lernplattformen sind damit nicht nur passive Rezipienten, sondern auch aktive Content-Produzenten. Die Inhalte, die durch Lerner generiert werden, werden als „User Generated Content" bezeichnet.

User Generated Content umfasst alle digitalen Inhalte, z. B. Texte, Grafiken, Fotos, Podcasts oder Videos, die von den Lernern selbst aktiv erstellt werden. Die-

Tab. 2.1 Prozess zur Erstellung eines Fachmanuskripts. (Eigene Darstellung)

Erstellung eines Fachmanuskriptes	
1. Schritt: Struktur (Advance Organizer)	Zunächst empfehlen wir, alle wesentlichen Inhalte in eine vernetzte Darstellung (Expertenstruktur) zu bringen. Dieser Advance Organizer erleichtert den Einstieg in die Lernumgebung. Lerner können damit ihre Aufmerksamkeit auf die für sie wichtigen Teile lenken, sie verstehen von Anfang an, um was es geht, erhalten eine klare Orientierung für ihre selbstgesteuerten Lernprozesse, können das neue Wissen mit ihrem Vorwissen verknüpfen, vermeiden Missverständnisse, z. B. aufgrund von Verwechslungen, und erleichtern den Transfer in die Praxis
2. Schritt: Feinziele	Auf dieser Basis können Feinziele mit Verben formuliert werden, die eine überprüfbare Handlung beschreiben, wie z. B. *„...lösen, ...erklären, ...beraten, ...analysieren“*. Substantivierungen, z. B. *„Kenntnis, Einsicht oder Überblick...“* sind als Lernziele wenig geeignet, da sie sehr viel Interpretationsspielraum offen lassen
3. Schritt: Lernszenario	Exemplarische Problemstellungen auswählen, mit denen die Lernziele am besten erfüllt werden können. Auf dieser Basis entwickelt der Fachautor ein *Lernszenario*, das den „Roten Faden“ durch das Trainings-Modul und die Grundlage für die Struktur der Übungsaufgaben bildet. Dieses Lernszenario soll es dem Lerner schrittweise mit wachsender Komplexität ermöglichen, die angestrebte Qualifikation zu erreichen
4. Schritt: Formulierung	Formulierung der Hinführung, der Wissensstruktur, der Aufgaben mit Lösungen und kontextsensitiv zugeordneten Wissensbasen, die für deren Lösung notwendig sind. Festlegung weiterer Informations- und Wissensquellen für Verlinkungen im Intranet oder Internet (aktuelle Quellen, Gesetzestexte, Behörden, Verbände…)
5. Schritt: Gestaltung	Vorschläge und Ideen für Bildmaterial für multimediale Elemente, z. B. Grafiken, Diagramme, Charts, Abbildungen, Prospekte, oder Links. Evtl. Einbeziehung vorhandener Tools oder Simulationen

Vgl. Wahl (2011).

se Inhalte entstehen freiwillig sowie kreativ und sind (kurs- oder unternehmensintern) öffentlich.[7]

Die Lerner dokumentieren und publizieren im Rahmen ihrer individuellen Lernprozesse auf der Sozialen Kompetenzentwicklungs-Plattform mittels Social

[7] Vgl. Bauer (2011, S. 11 ff.).

Software ihre Arbeits- und Lernergebnisse, die sie selbstorganisiert und kollaborativ entwickelt haben. Dabei reflektieren sie ihre Lernprozesse, indem sie ihr Erfahrungswissen mit eigenen Worten transparent darstellen oder Fallstudien erstellen.

In betrieblichen Lernsystemen ist es sinnvoll, die Entwicklung von User Generated Content nicht dem Zufall zu überlassen, sondern durch Vereinbarungen zu Lerntagebüchern, Austausch von Erfahrungsberichten oder konkreten Arbeitsaufträgen in der Lerngruppe zu initiieren. Dadurch verschwimmen die klassischen Grenzen zwischen Fachautoren und Lernern. So erlauben es beispielsweise Blogs jedem Mitarbeiter, sein eigener Verleger zu werden. Wikis führen z. B. aus Projekten heraus zu Ad hoc-Autorenteams oder Podcasting ermöglicht das Produzieren und Anbieten von Audio- oder Videodateien über das Internet. Die Lerner benötigen dafür die Freiheit, innerhalb ihres Ermöglichungsrahmens entsprechend aktiv zu werden und die Zuversicht, von ihren Lernpartnern oder Experten eine Rückmeldung zu erhalten.[8] Deshalb sind Vereinbarungen im Rahmen des Co-Coaching oder in der Lerngruppe von zentraler Bedeutung.

Parallel ist es erforderlich, ein System zu entwickeln und mit den Lernern zu vereinbaren, das die Qualität der Inhalte sicherstellt. Je höher der Anspruch an die Qualität dieser Contents ist, desto mehr wird ein Entwicklungsprozess notwendig, ähnlich wie wir ihn für die Entwicklung von Web Based Trainings beschrieben haben.

Die Mitarbeiter nehmen Content von Lernpartnern nach unseren Erfahrungen anders wahr als redaktionell aufbereiteten Content. Da diese Inhalte aus dem gleichen Erfahrungsumfeld stammen, können sie für Problemlösungen als besser geeignet erscheinen als standardisierte Fachinhalte. Damit bildet User Generated Content eine wichtige Erweiterung der formellen Lerninhalte.

Rapid E-Learning, eine Wortschöpfung aus Rapid Prototyping und E-Learning, bezeichnet eine einfache, schnelle und kostengünstige Entwicklungsmethode für WBT durch den Einsatz von klaren, vorgegebenen Strukturen im Layout, für die Gestaltung der Inhalte, den möglichen Darstellungen und Interaktionen sowie des Erstellungsprozesses selbst.

Die Autoren benötigen keine besonderen Kompetenzen im Bereich der Medienentwicklung, da sie nur einen begrenzten Umfang an Gestaltungsmöglichkeiten haben. Der Begriff Rapid E-Learning ist irreführend, da das Ziel nicht darin liegt, schneller zu lernen, sondern webbasierte Inhalte schneller zu produzieren.

[8] Vgl. Hoberg und Gohlke (2011, S. 65).

Diese Entwicklungsmethode kann im Rahmen des User Generated Contents sinnvoll sein, aber auch, wenn Experten eines Unternehmens in die Lage versetzt werden sollen, bei einem aktuellen Bedarf regelmäßig schnell webbasierte Inhalte zu erstellen. Beispiele dafür sind Produktbeschreibungen, Sicherheitsanweisungen oder neue gesetzliche Regelungen. Der Schwerpunkt von Rapid E-Learning liegt somit primär in der Informationsvermittlung. Rapid E-Learning wird deshalb meist weniger für systematische Lernprozesse genutzt, sondern ermöglicht eine hohe Aktualität im Rahmen von Qualifizierungs- und Kompetenzentwicklungssystemen.

2.3 Lern-Infrastruktur

Die Lerntechnologie bildet den Rahmen für innovative Lernsysteme. In den Anfangsjahren des technologiegestützten Lernens waren die Ansätze meist durch die Medien und Systeme, die zur Verfügung standen, getrieben. Zwischenzeitlich hat sich die Erkenntnis weitgehend durchgesetzt, dass wir Lernsysteme benötigen, die von den Zielen und den Prozessen der Lernprozesse her gestaltet werden. Die Lerntechnologien bekommen damit eine „dienende" Funktion.

Dabei stehen vor allem folgende Fragen im Vordergrund:

- Wie können die selbstgesteuerten Lernprozesse ermöglicht werden, die initiiert werden sollen?
- Wie können die Lerninhalte optimal „on demand" zur Verfügung gestellt werden?
- Wie kann das Lernen im Netz gefördert werden?
- Wie können die Lernergebnisse zielgerecht bewertet und dokumentiert werden?

In den heutigen E-Learning-Systemen mit überwiegend formellem Charakter werden vor allem Learning-Management-Systeme als Lernplattform genutzt. Mit diesen Lösungen wird versucht, das Konzept des Klassenraumes in den virtuellen Raum zu transferieren.

Ein Learning-Management-System (LMS) ist eine virtuelle Lern- und Kommunikationsplattform, die den Lernern im Bereich der Lernorganisation, der Dokumentation und der Kommunikation Lösungen bietet.

Aus den Erfordernissen für netzbasiertes Lernen leiten sich die Anforderungen an Learning-Management-Systeme ab (Abb. 2.3).[9]

[9] Vgl. Kerres (2012, S. 438 ff.).

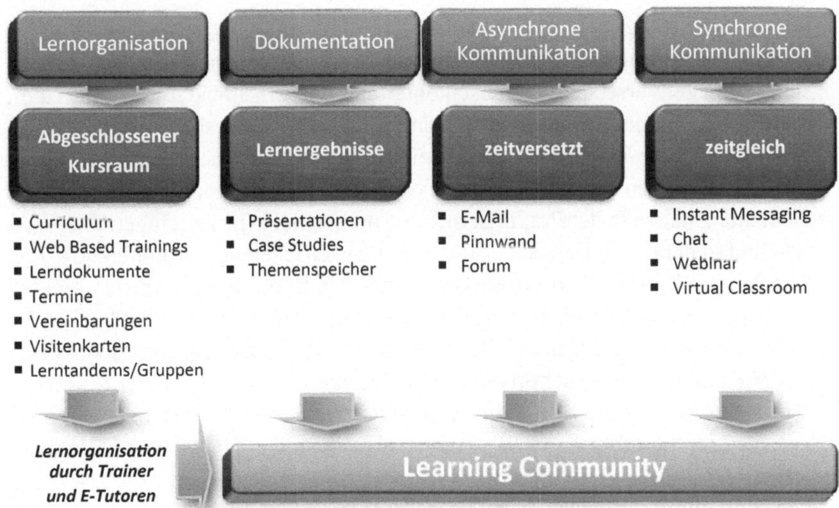

Abb. 2.3 Struktur eines Learning Managementsystems. (Eigene Darstellung)

Die einzelnen Bereiche des LMS sind durch folgende Merkmale geprägt:

- Lernorganisation: In diesem Funktionsbereich werden alle für den Lerner wichtigen Planungsunterlagen, z. B. Curricula, sowie die notwendigen Elemente für die formellen Lernprozesse gebündelt. Die Lerner finden dort das gesamte formelle Wissen, das Experten für ihre Lernprozesse zusammengestellt haben. Dies können WBT, Videos, Podcasts oder auch Printmedien sein, die der Lerner im Rahmen seines formellen Lernprozesses bearbeiten soll. Über Visitenkarten können sich Lernpartner und Lerngruppen in diesem Bereich vorstellen. Weiterhin werden Testdaten festgehalten. Grundsätzlich können über diesen Bereich auch Kurse administriert werden, die ohne E-Learning-Elemente gestaltet werden, bei denen aber die begleitende Kommunikation der Teilnehmer, z. B. zum Austausch von Erfahrungswissen, unterstützt werden soll.
- Dokumentation: In diesem Bereich speichern die Lerner ihre wesentlichen Ergebnisse aus individuellen und kooperativen Lernprozessen ab, auf die alle Kursmitglieder Zugriff haben sollen. Dies können Präsentationen, Case Studies oder Diskussionsergebnisse aus dem Themenspeicher sein.
- Asynchrone Kommunikation: In betrieblichen, selbstgesteuerten Lernprozessen spielt diese Kommunikation eine besonders große Rolle. Die Anforderung synchroner Kommunikation, dass alle Beteiligten zur gleichen Zeit, wenn auch

an unterschiedlichen Orten, zusammenkommen müssen, ist im betrieblichen Alltag nur schwer erfüllbar. Asynchrone Kommunikationswerkzeuge ermöglichen den zeitversetzten Austausch unter den Lernern sowie mit dem E-Tutor, dem E-Coach oder Trainer. Diese Kommunikation bietet sich insbesondere in den Fällen an, in denen die Lerner Zeit benötigen, um eine Aufgabe zu lösen, um zu reflektieren oder um die Frage vorab im Team zu diskutieren. Besondere Bedeutung haben in der Praxis Lernforen, die themenzentriert eingerichtet werden und in denen die Lerner Lernlösungen austauschen und diskutieren.

- Synchrone Kommunikation: Dieser Austausch findet synchron, im direkten Kontakt, per Telefon oder in Webinaren, statt. Damit sind die Lerner in der Lage, unmittelbar auf Beiträge des Gesprächspartners zu reagieren, sodass sich in der Kommunikation schrittweise gemeinsame Ergebnisse entwickeln lassen. Diese Ausprägung der Kommunikation kennzeichnet insbesondere teilnehmeraktivierende Lernformen in Workshops, aber auch die Tandem- und Gruppenarbeit.
- Die Kommunikationsinstrumente werden sowohl in synchroner als auch in asynchroner Ausprägung eingesetzt. Beide Ausprägungen ergänzen sich in den Lernarrangements. Voraussetzung dafür ist, dass die Kommunikation möglichst immer über das Learning-Management-System abgewickelt wird. Dialoge außerhalb des LMS, z. B. per Skype oder E-Mail, verhindern, dass alle Lerner von den individuellen Lernprozessen ihrer Lernpartner profitieren.

2.4 Lernbegleitung in E-Learning-Umgebungen

E-Learning-Umgebungen und Blended Learning Arrangements verlangen von den Lernern weitaus höhere Kompetenzen, als dies in klassischen Lernumgebungen, auch mit teilnehmerzentrierten Lernszenarien, der Fall ist. Lerner sind es seit ihrer Kindheit gewohnt, die Steuerung von Lernprozessen den Lehrenden zu überlassen. Sie müssen viele Funktionen, die bisher die Lehrenden gesteuert und überwacht haben, selbst gestalten.

Wir schlagen deshalb für die Begleitung in E-Learning-Konzepten das bewährte KOPING-Konzept vor.

KOPING ist ein Kunstwort, das an das englische Wort „coping" (=„bewältigen", „mit etwas fertig werden") angelehnt ist. Gleichzeitig bedeutet der Begriff „KOmmunikative Praxisbewältigung IN Gruppen".

Das KOPING-Verfahren beinhaltet in der Ausprägung, die sich in unseren E-Learning- und Blended-Learning-Konzeptionen bewährt hat, drei Sozialformen – Lerntandems, Lerngruppen und Kurse –, die in die vorgegebene Lernorganisation der Unternehmung eingebettet sind. Die Lerner bewegen sich grundsätzlich in einem geschlossenen System. Teilweise nutzen sie die Möglichkeiten der Suche und Klärung offener Fragen im Internet sowie im Intranet.

In der Stressforschung werden mit dem Begriff „*coping*“ die Anstrengungen oder Bemühungen einer Person bezeichnet, die diese zur Bewältigung von Anforderungen, Belastungen oder Konflikten unternimmt. Somit gibt dieser Begriff exakt die Zielsetzung betrieblicher Lernmaßnahmen mit dem Schwerpunkt des Wissensaufbaus und der Qualifikation wieder. Die Lerner sollen befähigt werden, ihre formellen Lernprozesse sowie den Transfer in die Praxis als Mitarbeiter oder Führungskraft zu bewältigen.

In einer Reihe von Untersuchungen wurde nachgewiesen, dass Belastungen und Stresssituationen besser bewältigt werden können, wenn die Menschen in ein Netzwerk aus gut funktionierenden sozialen Beziehungen integriert sind, emotionalen Austausch erfahren und sich potentieller Hilfeleistung sicher sind.[10] Das Ziel ist deshalb, dass sich die Netzwerkmitglieder in ihren Entwicklungsprozessen gegenseitig unterstützen.

Aus der Social-Support-Forschung ergeben sich die Anforderungen an wirksame Lern-Netzwerke:

- Überschaubares System in Form von Lern-Partnerschaften (Tandems) und Lern-Gruppen mit drei bis vier Tandems,
- die Lernpartner wählen sich nach dem Prinzip der Sympathie, d. h. beide sollen sich akzeptieren und verstehen, sowie nach dem Grundsatz der Symmetrie, d. h. beide sollen gleich „mächtig“ sein,
- dichte, direkte Beziehungen, die intensiv sowie vielartig sind und über einen längeren Zeitraum dauern,
- einfache und unkomplizierte Kommunikationsmöglichkeiten,
- homogener Erfahrungshintergrund,
- Bereitschaft, sich anderen anzuvertrauen und auch evtl. Schwächen zu offenbaren,
- Geben und Nehmen ist in etwa im Gleichgewicht,
- verpflichtende, regelmäßige persönliche oder virtuelle Treffen,
- vertraulicher Rahmen.

Deshalb können sich wirksame Lerntandems und KOPING-Gruppen nur selbst, ohne Einflussnahme von außen, finden. Die soziale Unterstützung in Lerntandems und KOPING-Gruppen weist dabei zwei Dimensionen auf:[11]

---

[10] Vgl. Schmidt (2005, S. 176 ff.).

[11] Vgl. ebd. (S. 177 ff.).

- *Sozio-emotionale Stabilisierung*: Die Lernpartner bzw. die Gruppe vermitteln das Gefühl, aufgehoben und umsorgt zu sein und Anteilnahme zu erfahren. Die Lerner werden dadurch motiviert, Verhaltensweisen zu ändern und verpflichten sich auf gemeinsame Ziele, Werte und Normen.[12] Wie bedeutend diese Aspekte für den Lernerfolg sind, wurde in den umfassenden Untersuchungen von John Hattie auf der Basis von 50.000 Studien deutlich, die zeigten, dass Zuwendung, Empathie, Ermutigung, Respekt, Engagement und Leistungserwartungen sowie das soziale Miteinander eine zentrale Rolle in den Lernprozessen spielen.[13] Damit bestätigte Hattie einen großen Teil der in den letzten Jahrzehnten gewonnen lernpsychologischen Erkenntnisse.[14]
- *Konkrete Hilfe*: Die Lernpartner beraten sich bei Problemen und Vorhaben gegenseitig, diagnostizieren Herausforderungen, brechen Handlungsroutinen auf, suchen Alternativen und verdichten gemeinsames, auch wertbeladenes Wissen. Sie entwickeln Ideen, tauschen Erfahrungswissen und Informationen aus und nutzen gemeinsam ihre Materialien. In gegenseitiger Absprache übernehmen sie konkrete Aufgaben, z. B. Recherchen, deren Ergebnisse sie gemeinsam verarbeiten.[15]

Damit besitzen KOPING-Gruppen eine deutlich andere Qualität als beispielsweise Communities im Netz. Es handelt sich um enge Partnerschaften für einen bestimmten oder unbegrenzten Zeitraum.

Das KOPING-Verfahren hat sich in der Praxis seit nunmehr weit über 20 Jahren, zunächst ohne Neue Medien, in selbstorganisierten Lernprozessen hervorragend bewährt. Es bildet letztendlich die Grundlage dafür, dass diese eigenverantwortlichen Lernprozesse der Teilnehmer mit einer sehr hohen Erfolgswahrscheinlichkeit behaftet sind. Hinzu kommt, dass die gegenseitige Unterstützung im KOPING-Verfahren wesentlich dazu beiträgt, die notwendige Kultur des Lernens in Netzwerken aktiv zu fördern. Gleichzeitig wird der Aufwand für das E-Tutoring und des E-Coachings erheblich reduziert, da die Lerner zunächst versuchen, ihre Lernprobleme mit Lernprogrammen allein, mit Lernpartnern, in der Lerngruppe sowie im Netzwerk zu lösen. Der E-Tutor verändert deshalb seine Rolle tendenziell vom Fachexperten zum Lernbegleiter, der insbesondere methodische Unterstützung gibt, bis hin zum E-Coach.

[12] Vgl. Miyashiro (2013).

[13] Vgl. Hattie (2009).

[14] Wahl (3. erw. Aufl. 2013, S. 103).

[15] Vgl. Wahl (1991).

In E-Learning-Umgebungen übernehmen E-Tutoren als Entwicklungspartner der Lerner die Aufgabe, ihnen zu helfen, bisherige handlungssteuernde Prozesse und Strukturen entsprechend der Lernziele aufzubrechen bzw. zu verändern. Sie planen die jeweiligen einzelnen Lern-Arrangements, moderieren evtl. Kick-off-Veranstaltungen, häufig als Webinar gestaltet, und flankieren die selbstorganisierten Lernprozesse.

E-Tutoring bezeichnet die sozio-emotionale und fachliche Flankierung, Betreuung und Überwachung der Lerner in E-Learning-Systemen im persönlichen Kontakt, per Telefon und vor allem über digitale Kommunikationsformen.

Als Lernbegleiter motivieren die E-Tutoren die Lerner, geben Hilfestellungen bei Problemen und fördern die Kommunikation in der Gruppe. Die Flankierung von Lernprozessen ist ein kommunikativer Prozess, der insbesondere in den selbstgesteuerten Lernphasen unter erschwerten Bedingungen abläuft. Die E-Tutoren benötigen deshalb die Kompetenz, den Wissensaustausch mit den Teilnehmern und zwischen den Teilnehmern anzuregen. Dies erfordert die Fähigkeit, bei Kommunikationsstörungen gezielt einzugreifen. Sie müssen deshalb die Ursachen für Störungen in den Lernprozessen und Konflikten innerhalb der Tandems und Gruppen erkennen und beheben. Dies stellt besonders hohe Anforderungen an ihre sozialkommunikativen Kompetenzen.[16]

Die E-Tutoren organisieren und überwachen die Lernprozesse der Teilnehmer und geben ihnen Rückmeldung. Parallel dazu evaluieren sie die Qualifizierungsmaßnahme. Mittels Reflexions- und Transferaufgaben können sie Kompetenzentwicklungsprozesse in der Praxis initiieren. Aufgrund des engen Kontaktes zu den Teilnehmern und ihrer praktischen Erfahrung mit den jeweiligen E-Learning-Systemen übernehmen E-Tutoren in der didaktisch-methodischen Planung und Weiterentwicklung von Qualifizierungsmaßnahmen eine zentrale Rolle. Dafür benötigen diese Lernbegleiter eine umfassende Handlungskompetenz als Moderator und Lernbegleiter, die im Einzelnen folgende Elemente umfasst:

- Erweiterter Handlungsspielraum durch die Beherrschung vielfältiger Methoden zur Aktivierung der Lerner,
- psychische Sicherheit und Risikobereitschaft im Umgang mit Lerngruppen,
- zielgerichtetes Planungshandeln für Kickoffs und evtl. Webinare, selbstorganisierte Lernphasen und evtl. Coachinggespräche,
- die Fähigkeit, eine Lernkultur aktiv zu fördern, die durch Eigenverantwortung und Selbstorganisation der Lerner geprägt ist.

---

[16] Vgl. Wahl (4. Aufl. 1995); Sauter (1994).

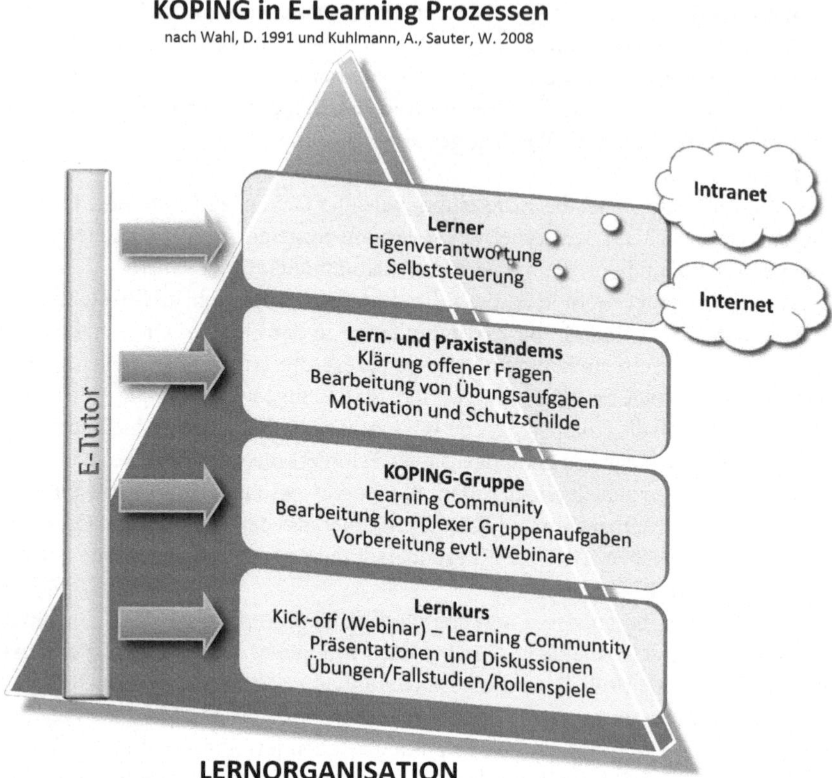

Abb. 2.4 KOPING in E-Learning Umgebungen. (Eigene Darstellung)

In E-Learning-Umgebungen umfasst ein Kurs im KOPING-System im Regelfall vier soziale Ebenen (vgl. Abb. 2.4).

Im Einzelnen übernehmen die Beteiligten folgende Aufgaben im KOPING-System:

- *Einzelne Lerner* sind im KOPING-Verfahren das störanfälligste Element, da ihre Lernprozesse meist eine lange Zeit erfordern. Es besteht deshalb die große Gefahr, dass die anfängliche Motivation aufgrund ungünstiger Rahmenbedingungen, mangelnder Unterstützung durch Führungskräfte oder Kollegen, menschlicher Bequemlichkeit, anfänglicher Misserfolge oder Fehleinschätzungen nachlässt und im Endeffekt dazu führt, dass sich der Lernerfolg nicht einstellt. Mutzeck bezeichnet diese negativen Faktoren als „*Giftpfeile*". Die Lerner benötigen deshalb „*Schutzschilde*", die den Lernprozess flankieren, Störgrößen ausschalten und den Transfer sichern.[17] Als wichtigstes Schutzschild haben sich in der Praxis Lerntandems erwiesen. Auch in dieser Entwicklungsstufe nutzen einzelne Lerner aus Eigeninitiative das Internet oder Intranet, um zu recherchieren oder Informationen abzurufen.

- *Lerntandems* bestehen aus zwei, manchmal auch drei Lernern, die auf Dauer kooperieren wollen. Durch die Zusammenarbeit mit einer vertrauten Person können es die Lernpartner leichter schaffen, ihre Handlungsroutinen zu unterbrechen und ihre Aufgaben in ihren individuellen Lernprozessen zu lösen. Sie stabilisieren sich sozio-emotional und helfen sich gegenseitig.
- *Die KOPING-Gruppen* bestehen aus meist drei, maximal vier Tandems. Die Gruppen treffen sich online regelmäßig oder bei Bedarf, um sich gegenseitig zu motivieren und ihre Lernprozesse gegenseitig zu unterstützen. Sie organisieren sich entweder im Rahmen von Handlungsanleitungen der Tutoren oder handeln selbstorganisiert. Bei offenen Fragen, die die Lerntandems nicht allein lösen können, unterstützen die Lerngruppen nach Möglichkeit die einzelnen Tandems. Sehr bewährt haben sich komplexe, transferorientierte Arbeitsaufträge für die Lerngruppen, die arbeitsteilig bearbeitet und deren Ergebnisse im Regelfall in der Learning Community präsentiert und diskutiert werden.
- *Der Lernkurs* tauscht in der Learning Community und evtl. in Webinaren Lösungen zu offenen Aufgaben aus und gibt sich dazu gegenseitig Rückmeldungen.

Learning Communities sind virtuelle, geschlossene Lerngemeinschaften im Rahmen eines formell geplanten Qualifizierungspfades, die online über ein Learning-Management-System miteinander kommunizieren.

Sie werden durch den Trainer bzw. E-Tutor über Übungen, Fallstudien oder Transferaufgaben initiiert und gesteuert. Im Regelfall begleitet der E-Tutor diese Lernprozesse, indem er Lösungen der Lerner kommentiert oder ergänzt. In den Präsenzseminaren werden Übungen, Fallstudien oder Rollenspiele bearbeitet, Ergebnisse von Gruppenarbeiten präsentiert und diskutiert und bei Bedarf Wissenslücken gefüllt.

Webinare (*Live E-Learning, Live Lessons*) sind Online-Treffen, die jeweils zu einem definierten Termin im Web durchgeführt werden.

Der E-Tutor verwendet ein Headset sowie eine spezielle Kommunikations-Software, um sich mit den Teilnehmern über seinen PC auszutauschen. Außerdem nutzt er Präsentationssoftware wie Powerpoint, um Inhalte zu veranschaulichen.

[17] Vgl. Mutzeck (2005, S. 79 ff.).

Die Lerner hören und sehen am PC zu. Über ein Kommunikationsfenster können jederzeit Fragen an den Dozenten gestellt oder eine Diskussion geführt werden.

Notwendige Voraussetzung für selbstorganisiertes Lernen ist die *Vorsatzbildung*. Jeweils am Ende des Kickoffs, der Gruppenmeetings und der Tandemmeetings treffen die Lerner verbindliche Vereinbarungen, die im Regelfall schriftlich oder im LMS festgehalten werden.

Der Erfolg von E-Learning-Systemen hängt wesentlich von der Qualität der WBT, aber auch der Lernbegleitung und damit von der Kompetenz und dem Engagement der E-Tutoren ab. Besitzen sie nicht die erforderliche Fachkompetenz und fehlt ihnen die notwendige didaktisch-methodische Kompetenz, kann auch ein gut geplantes E-Learning-Konzept nur mit mangelndem Erfolg enden.

Ergänzend können folgende Personen die selbstgesteuerten Lernprozesse unterstützen:

- *Experten* übernehmen in Blended Learning Arrangements die Aufgabe, das erforderliche Fachwissen, z. B. für die Entwicklung von WBT, aufzubereiten. Sie müssen in dieser Rolle in der Lage sein, mit einem hohen Praxisbezug Lernszenarien zu entwickeln, die den Lerner vom Wissensaufbau bis zum Praxistransfer führen. Sie verknüpfen dabei praxisbezogene Übungsaufgaben mit klar strukturierten Wissensmodulen und Transferaufgaben sowie aktuellen Links im Internet oder Intranet. Bei Bedarf beantworten sie aber auch Fachfragen im Themenspeicher oder bringen sich in Fachdiskussionen mit ein. Über aktuelle, unternehmensbezogene Beiträge zur Learning Community können sie dazu beitragen, den Praxistransfer zu fördern.
- *Coaches*, meist Führungskräfte oder erfahrene Kollegen, können in der Phase des Praxistransfers eine wichtige Rolle übernehmen. Sie handeln dabei als Entwicklungspartner ihrer Mitarbeiter, die dazu beitragen, die angestrebte Lernkultur im Arbeitsbereich aktiv zu entwickeln, den Mitarbeitern eine zielorientierte Qualifizierung und Kompetenzentwicklung zu ermöglichen und sie bei der Lösung ihrer Transferaufgaben zu unterstützen.

2.5 Praxisbeispiel: E-Learning Prozess

E-Learning-Prozesse sollten mit einem *virtuellen Kickoff* (*Webinar*) starten. Nachdem sich die Teilnehmer kurz vorgestellt haben und der Lernbegleiter die Lernkonzeption und das -system erläutert hat, werden im Rahmen einer kurzen Reflexion Fragen zur Gestaltung der selbstorganisierten Lernprozesse erörtert. Danach folgt die Tandem- und Gruppenbildung, um das KOPING-Konzept flächendeckend um-

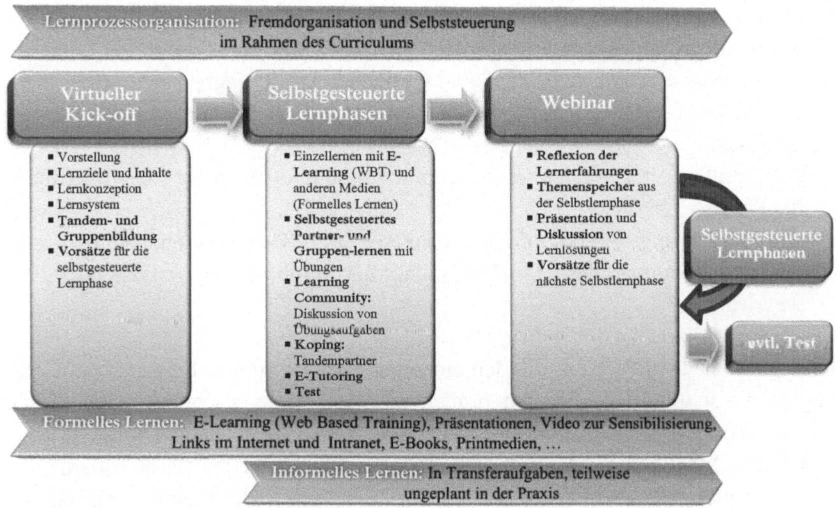

Abb. 2.5 Struktur des E-Learning Prozesses. (Eigene Darstellung)

zusetzen. Das Webinar endet mit verbindlichen Vereinbarungen im Kurs, in den Lerngruppen und der Lerntandems (vgl. Abb. 2.5).

Die selbstgesteuerten Lernphasen von etwa vier Wochen werden durch folgende Elemente geprägt:

- *Die Verbindlichkeit des individuellen Wissensaufbaus* wird auf Basis der Vereinbarungen im virtuellen Kickoff über das Scoring-System mit laufenden Rückmeldungen in den WBT und einem abschließenden Test mit zufällig ausgewählten Aufgaben sichergestellt. Dieser Test ist mit mindestens 80 % zu bestehen. Die Ergebnisse werden durch die jeweilige Führungskraft überprüft, die Konsequenzen für den einzelnen Mitarbeiter spätestens im nächsten Mitarbeitergespräch besprochen. Auch die Tandempartner sichern im Rahmen des KOPING gegenseitig eine hohe Verbindlichkeit der Lernprozesse.
- Die Verbindlichkeit des *Praxistransfers* wird durch Vereinbarungen der Arbeitsteams im Kickoff gesichert. Diese verpflichten sich in Absprache mit ihrer Führungskraft, spezifische Lösungen für ihren Aufgabenbereich zu entwickeln und umzusetzen. Diese Ergebnisse werden in der Learning Community präsentiert und diskutiert. Bei Bedarf können sie in einem abschließenden Webinar mit der Führungskraft und dem Experten diskutiert werden.

- Für den Fall, dass trotz der Besprechung mit den Lernpartnern und in der Lerngruppe noch ungeklärte Fragen offen geblieben waren, wurde in der Learning Community ein *Themenspeicher* eingerichtet. Der Experte beantwortet diese Fragen entweder taggleich oder bei komplexen Sachverhalten im folgenden Webinar.
- Der Lernbegleiter unterstützt die Lernprozesse und bei Bedarf den Transfer in die Praxis.
- Die Flankierung der individuellen Prozesse übernehmen weitgehend die Lernpartner im Rahmen des KOPING, sodass der Lernbegleiter weitgehend entlastet wird.

Im abschließenden Webinar mit den einzelnen Arbeitsgruppen bespricht der Lernbegleiter vor allem die offenen Fragen aus dem Themenspeicher. Gemeinsam mit der verantwortlichen Führungskraft vereinbaren die Teilnehmer für ihre Arbeitspraxis Maßnahmen, die zu einem gezielten Praxistransfer führen sollen.

Zusammengefasst ergibt sich der in Abb. 2.6 dargestellte grundlegende Ablauf der Lernmaßnahmen.

Die Lerner vereinbaren zum Abschluss der Lernmaßnahme für ihre Unternehmensbereiche häufig eine Community of Practice, in der Fragen aus dem Transfer in den eigenen Prozess der Arbeit diskutiert werden können. Mit diesem Austausch von Erfahrungswissen soll sich kompetentes Handeln in der Praxis immer mehr entwickeln. Die jeweiligen Führungskräfte der Lerner übernehmen die Aufgabe, auch nach Abschluss der formellen Lernmaßnahme, ihre Communities of Practice als E-Mentoren zu unterstützen.

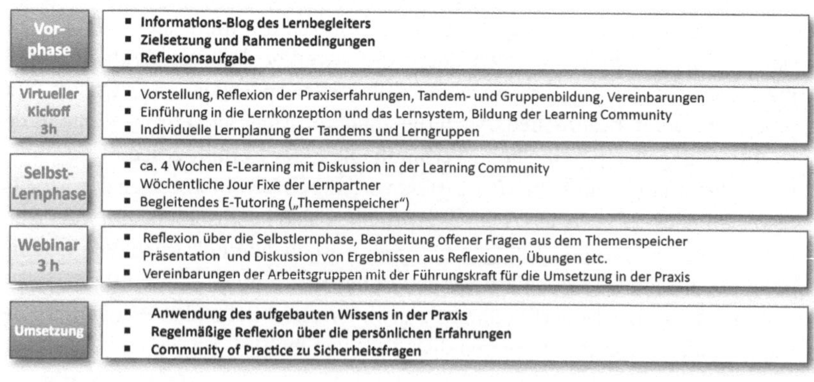

Abb. 2.6 Ablauf des E-Learning-Prozesses. (Eigene Darstellung)

Die Erfahrungen zeigen, dass die betriebliche Bildung durchaus auch Kosten sparen kann, wenn sie sich in Richtung innovativer Lernsysteme entwickelt. Diese Frage darf jedoch nicht am Anfang stehen. Wenn ein Unternehmen eine Produktionsstätte baut, werden die Planer auch nicht damit beginnen, zunächst die billigsten Materialien und Maschinen auszuwählen. Am Anfang stehen die unternehmerische Vision und Strategie, die Konzeption oder die Planung, die für den Erfolg benötigt werden. Erst in einem weiteren Schritt wird man dann natürlich auch über die Kostenoptimierung nachdenken.

Auch Entscheidungen über den Einsatz reiner E-Learning-Systeme müssen deshalb immer an der Unternehmensstrategie und den notwendigen Entwicklungskonzeptionen ansetzen. Erst in zweiter Linie wird die Frage der Kostenoptimierung, nicht -minimierung stehen.

Qualifizierung mit Blended Learning 3

Blended Learning (*engl. Blender = Mixer*) ist ein internet- bzw. intranetgestütztes Lernsystem, das problemorientierte Workshops mit meist mehrwöchigen Phasen des selbstgesteuerten Lernens auf der Basis von Web Based Trainings und der Kommunikation über ein Learning-Management-System bedarfsgerecht miteinander verknüpft.

Blended Learning ist ein integriertes Lernarrangement, in dem die heute verfügbaren Möglichkeiten der Vernetzung über Internet und Intranet in Verbindung mit „klassischen" Lernmethoden und -medien optimal genutzt werden. Dabei werden Wissensaufbau und Qualifizierung mittels Web Based Trainings mit Wissensmanagement, Training, E-Tutoring und E-Coaching zielgruppengerecht miteinander kombiniert.

In Blended Learning Arrangements können Web Based Trainings die Rolle mit übernehmen, auch problemorientierte Aufgaben und Fallstudien, die im Rahmen der Learning Community oder später im Workshop besprochen werden, in den Lernprozess einzubringen. Je nach Ergebnis der einzelnen Lernschritte durchläuft der Lerner dabei unterschiedliche Lernpfade.

Dieser Ansatz erinnert an das *„Sandwich"-Prinzip*, das Diethelm Wahl für die Gestaltung von Lernprozessen vorschlägt.[1] Damit in der Phase des Wissensaufbaus kein „träges Wissen" vermittelt wird, ist es notwendig, bei Bedarf Phasen der subjektiven Aneignung von Wissen in die Praxisausbildung einzuschieben. Aber erst in Verbindung mit direkten Rückmeldungen werden aus diesen Elementen Lerneinheiten, da selbstgestuertes Lernen voraussetzt, dass der Lerner weiß, wo er steht.

In Anlehnung an Peter Baumgartner leiten sich daraus folgende didaktisch-methodische Herausforderungen ab:[2]

[1] Vgl. Wahl (3. erw. Aufl. 2013, S. 97 ff.).

[2] Vgl. Baumgartner (2013).

J. Erpenbeck et al., *E-Learning und Blended Learning,* essentials,
DOI 10.1007/978-3-658-10175-6_3

- *Arrangement der Lernumgebung*: Robuste, störungs- und ablenkungsresistente Gestaltung, sodass das System auch in turbulenten und kurzfristig wechselnden Umgebungen, möglichst auch mobil, genutzt werden kann
- *Abwechslungsreiche Interaktion*: Vielfältige Aufgaben- und Rückmeldeformen
- *Social Learning*: Kooperative und kollaborative Entwicklung von Lösungen

Da zukunftsorientierte Lernsysteme auf der Selbstorganisation der Lerner basieren, empfiehlt es sich, bereits heute den Wissensaufbau in die Selbststeuerung der Lerner zu verlagern, um schrittweise diese notwendige Kulturveränderung zu initiieren. Blended-Learning-Konzepte bilden damit die notwendige Basis für zukunftsorientierte Lernkonzeptionen.[3]

3.1 Blended-Learning-Prozess

Blended Learning Arrangements ermöglichen in erster Linie formelle, selbstgesteuerte Lernprozesse. Aus der Kombination von Präsenzlernen in Workshops mit selbstgesteuerten Lernphasen ergibt sich das in Abb. 3.1 gezeigte Lernarrangement.

Der Lernprozess startet im Regelfall mit einer meist eintägigen *Eröffnungsveranstaltung* (*Kickoff*). Sofern die Lerner aus organisatorischen Gründen oder wegen der Kosten nicht an einem gemeinsamen Workshop teilnehmen können, kann der

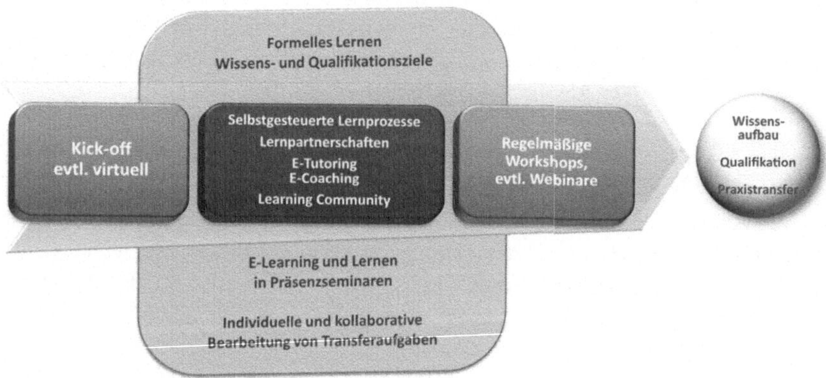

Abb. 3.1 Beispielskizze eines Blended Learning Arrangements. (Eigene Darstellung)

[3] Vgl. Pachner (2009).

Kickoff auch im Rahmen eines etwa dreistündigen Webinars erfolgen. Wir sehen diesen Kickoff als unverzichtbar an, weil in diesem Rahmen die notwendige Verbindlichkeit, aber auch die Grundlage für die Flankierung der Lernprozesse durch Lerntandems, gesichert werden können.

Nach der Begrüßung, einer Vorstellungsrunde und der Erhebung der Erwartungen und Befürchtungen werden die Teilnehmer in das Blended-Learning-System eingeführt. Sie reflektieren über Lernstrategien und machen sich mit dem Konzept der netzbasierten Lernwegflankierung vertraut. Sofern die Teilnehmer sich nicht kennen, können sie ihre zukünftigen Lernpartner in verschiedenen Übungen mit unterschiedlichen Sozialformen (z. B. Partner- und Gruppenarbeit, Plenumsdiskussion) näher kennenlernen, sodass sie im Laufe des Kickoffs in der Lage sind, bewusst Lerntandems sowie Lerngruppen zu bilden.

Zum Abschluss des Kickoffs vereinbaren die Teilnehmer für die folgende Selbstlernphase Jours fixes, Meilensteine und Arbeitsaufträge. Es hat sich bewährt, diese Vereinbarungen schriftlich zu treffen, da sie damit in hohem Maße verbindlich sind. Die Lerner vereinbaren beispielsweise, welche formalen Lernprozesse bzw. Lernprogramme sie bis zum nächsten Jour fixe absolvieren und welche Recherche-, Analyse- oder Übungsaufträge jeder Lernpartner bis dahin bearbeitet. Damit können die Teilnehmer ihre Lernprozesse arbeitsteilig gestalten. Durch die gegenseitige Verpflichtung der Lernpartner wird eine hohe Verbindlichkeit gewährleistet, die wiederum die Voraussetzung für erfolgreiche Lernprozesse bildet.

Sofern es nicht möglich ist, die Teilnehmer zu einem Kickoff an einem Ort zusammenzubringen, kann dieser auch als Webinar durchgeführt werden. In diesem Fall ist es sinnvoll, die Teilnehmer vorab aufzufordern, ein ausführliches Profil einzustellen, um die Findung der Lernpartnerschaften zu unterstützen. Das Webinar kann dann auf ca. 3 h reduziert werden, weil die Lernpartner sich anschließend bilateral vereinbaren.

In der *Selbstlernphase* organisieren die Lerner ihren Lernprozess auf der Grundlage der Aufgabenstellung im Web Based Training sowie im Rahmen der Vereinbarungen aus dem Kickoff bzw. dem vorhergehenden Workshop weitgehend selbst. In berufsbegleitenden Qualifizierungen haben sich dafür Zeitphasen von ca. 4 bis 6 Wochen bewährt. Wählt man zu kurze Zeiten, besteht die Gefahr der zeitlichen Überforderung der Lerner neben ihrem Alltagsgeschäft. Bei längeren Zeiten des selbstorganisierten Lernens geht häufig die hohe Verbindlichkeit in Hinblick auf die Vereinbarungen verloren, weil die Teilnehmer evtl. das Gefühl haben, dass sie noch sehr viel Zeit hätten.

Häufig ist es aus organisatorischen oder finanziellen Gründen, wie z. B. in internationalen Unternehmen, nicht möglich, die Teilnehmer regelmäßig für einen Tag zu einem Workshop zusammenzubringen. Da in diesen Fällen deutlich längere

Selbstlernphasen notwendig sind, hat es sich bewährt, dazwischen virtuelle Treffen (Webinars) mit dem Kurs durchzuführen, in denen über die vergangene Lernphase reflektiert wird, evtl. offene Fragen geklärt und für die folgende Phase neue Vereinbarungen getroffen werden. Damit wird sichergestellt, dass jeden Monat der „Spannungsbogen“ für verbindliche Lernprozesse wieder erneuert wird. Diese Vereinbarungen sollten anschließend in der Lernplattform dokumentiert werden, um die Verbindlichkeit zu stärken.

In den *Workshops* bringen die Lerner offene Fragen ein und präsentieren ihre Lösungen, die sie z. B. in Lerngruppen erarbeitet haben. Dort wird bei Bedarf weiterführendes Wissen dargeboten, vor allem zu komplexen Fragen aus dem Themenspeicher, zu aktuellen oder unternehmensspezifischen Entwicklungen oder in Bereichen, die sich über E-Learning nur schwer abbilden lassen (z. B. im technischen Bereich). Weiterhin reflektieren die Lerner über ihre Erfahrungen in den selbstgesteuerten Lernphasen und erhalten weiterhin methodische Hilfen. Zum Abschluss treffen die Lerner wieder konkrete, schriftliche Vereinbarungen für die folgende selbstgesteuerte Lernphase.

Während des gesamten Lernprozesses werden die Teilnehmer mittels offener Aufgaben angehalten, eigene Lernlösungen zu entwickeln und in die „Learning Community“ einzustellen. Diese Beiträge werden in der Gruppe bewertet und diskutiert und bei Bedarf gemeinsam weiterentwickelt.

In Blended Learning Arrangements mit handlungs- und kommunikationsorientierten Zielen kann der zeitliche Umfang der Präsenzphasen mit Trainern nach den vorliegenden Erfahrungen bei meist höherer Lerneffizienz auf ca. ein Drittel reduziert werden. In der Praxis konnten wir aufgrund der hohen Aktivität der Lerner im gesamten Lernprozess trotzdem einen höheren Lernerfolg feststellen. Damit kommen diese Systeme dem Bedarf nach Einsparung von Kosten sowie Arbeitszeit in hohem Maße entgegen.

Effektive Blended-Learning-Systeme werden nach unseren Erfahrungen durch folgende Elemente gekennzeichnet:

- *Individuelles, selbstgesteuertes Lernen*: Die Lerner steuern ihre Lernprozesse im Rahmen der vereinbarten Ziele selbstverantwortlich.
- *Organisation und Flankierung durch E-Coaches und Trainer*: Die Lernbegleiter planen und steuern vor allem die formellen Lernprozesse und unterstützen die Lerner in ihren informellen Lernprozessen. Sie geben den Lernern regelmäßig Feedback und helfen ihnen, ihre Lernprozesse laufend zu optimieren.

- *Problemlösung statt Pauken von Wissen*: Der Lernprozess integriert Transferaufgaben und evtl. reale Problemstellungen, die die Lerner in ihrer Arbeitswelt zu bewältigen haben, und die somit einen Prozess emotionalen Konfliktinduzierens ermöglichen.
- *Strukturierungshilfen für individuelles Lernen*: Für jede Selbststudienphase werden im jeweils vorhergehenden Workshop verbindliche Vereinbarungen über die Gestaltung der selbstgesteuerten Lernphase getroffen.
- *Rückmeldungs-Strukturen*: Lernen ist dann besonders effizient, wenn die Lerner laufend Rückmeldungen über ihren Lernprozess und ihre Lernleistungen erhalten. Die Rückmeldungen erfolgen grundsätzlich auf zwei Ebenen:
  1. Bei *standardisierten Aufgaben*, z. B. Multiple Choice, Drag and Drop oder Rechenaufgaben, automatisiert über das Lernprogramm.
  2. *Offene Aufgaben*, z. B. Reflexionen, entscheidungsorientierte Fallaufgaben, Fallstudien oder Transferaufgaben, erlauben keine automatische Bewertung der Lösungen. Es wird deshalb eine Learning Community benötigt, die eine entsprechende Kommunikation auch dann zulässt, wenn die Lerner auf verschiedene Orte verteilt sind.
- *Vergleichsmaßstäbe*: Die Arbeitsergebnisse anderer Lerner werden netzbasiert zur Verfügung gestellt. Damit kann der Lerner sehen, wie weit er von deren Leistungen entfernt ist. In der Learning Community sowie in Workshops können Arbeitsergebnisse aus der Lerngruppe präsentiert und diskutiert werden.
- *Lernwegflankierung durch Tandems*: Diese soziale Flankierung ist eine wesentliche Voraussetzung für erfolgreiche Lernprozesse. Die Lerner unterstützen sich gegenseitig in der Tandemarbeit emotional, motivational und lernstrategisch.
- *Lernwegflankierung durch Kleingruppen*: Tandemarbeit reicht nach unseren Erfahrungen im Regelfall nicht aus, um den Lernerfolg im Sinne der Kompetenzentwicklung zu sichern. Notwendig ist eine weitere soziale Flankierung in Kleingruppen, da Gruppen mehr Motivierungsmöglichkeiten und mehr Korrekturmöglichkeiten haben als Einzelpersonen.

Da zukunftsorientierte Lernsysteme auf der Selbstorganisation der Lerner basieren, empfiehlt es sich, bereits heute den Wissensaufbau in die Selbststeuerung der Lerner zu verlagern, um schrittweise diese notwendige Kulturveränderung zu initiieren. Blended-Learning-Konzepte bilden somit eine sinnvolle Basis für zukunftsorientierte Lernkonzeptionen.[4]

[4] Vgl. Pachner (2009).

3.2 Lernbegleitung in Blended Learning Arrangements

In Blended Learning Arrangements bietet sich das KOPING-Modell in einer weiterentwickelten Form an, weil häufig nicht nur Lernprozesse im Rahmen der Qualifizierung, sondern auch selbstorganisierte Lernprozesse im Rahmen von Transferaufgaben oder innerhalb von herausfordernden Praxisprojekten begleitet werden müssen. Wenn die Gestaltung der Lernprozesse zunehmend in die Eigenverantwortung der Lerner gelegt wird, ändert sich auch die Rolle der Lernbegleiter. Das Tutoring wird in Blended-Learning-Systemen immer mehr durch die Lerner mit ihren Lernpartnern selbst übernommen.

Für die Bearbeitung von Transferaufgaben oder Herausforderungen in Praxisprojekten werden Lernbegleiter benötigt, die die Rolle eines Entwicklungspartners übernehmen. Die E-Tutoren verändern ihre Rolle deshalb in den Phasen des Praxistransfers und der Projektarbeit zum *E-Coach* bzw. werden durch solche Experten bei ihrer Lernbegleitung unterstützt. Im Qualifizierungsbereich verbleiben diese Lernbegleiter wie im E-Learning-Bereich in der Rolle des E-Tutors.

E-Coaching ist die mediengestützte, aktive Entwicklungspartnerschaft von Lernbegleitern mit einzelnen Lernern oder Lerngruppen mit dem Ziel der Kompetenzentwicklung. Diese Unterstützung kann synchron oder zeitversetzt erfolgen.

Die Anforderungen an einen *E-Coach* sind in Blended Learning Arrangements hoch. Es wird von ihm die professionelle Prozessberatung und die Begleitung einer Person (Coachee) oder mehrerer Personen im Rahmen einer strukturierten, onlinebasierten Kommunikation erwartet. Er soll den Gecoachten bei der Ausübung von komplexen Handlungen, bei der Bearbeitung von Transferaufgaben in der Praxis und in Projekten befähigen, um optimale Ergebnisse selbstorganisiert zu erreichen.

Grundsätzlich kommen folgende Formen in Frage:

- *Einzelcoaching* zielt auf Lernprozesse in persönlicher, aktivitätsbezogener, fachlich-methodischer und sozial-kommunikativer Hinsicht. Der E-Coach klärt zu Beginn mit dem Lerner die Erwartungen und Ziele für seinen Lernprozess. Er ermöglicht ihm seinen persönlichen Lernprozess, indem er für die erforderlichen Rahmenbedingungen sorgt und als „Sparringspartner“ bei der Entwicklung von Lösungsansätzen dient.
- *Gruppencoaching* unterstützt die Lerner einer Gruppe oder die Mitglieder eines Projektes. Der E-Coach begleitet die Gruppen, sichert die Rahmenbedingungen, gibt Feedback und bringt Anregungen ein.

Die Erfahrungen zeigen, dass beim virtuellen Coaching die Hemmschwellen der Lerner aufgrund der tendenziell eher anonymen Kommunikation niedriger sind, das Coachingangebot zu nutzen, als in persönlichen Coaching-Gesprächen. Dies ist insbesondere dann der Fall, wenn mit geeigneten Lernmaterialien, z. B. Reflexionen, den Lernern ein Zugang zu dieser Entwicklungspartnerschaft geschaffen wird. Das E-Coaching findet eher „on demand" statt, d. h. dann, wenn der Lerner Unterstützung benötigt. Dagegen gehen gegenüber dem Face-to-Face Coaching nonverbale Signale verloren, die unter Umständen sehr wichtig sein können. Weiterhin besteht die Gefahr, dass die Fragestellungen, insbesondere bei schriftlicher Kommunikation, eher oberflächlich behandelt werden. Deswegen empfehlen wir, auch hier den Blended-Learning-Ansatz zu nutzen, d. h. das E-Coaching regelmäßig durch persönliche Treffen, z. B. im Rahmen der Workshops, zu ergänzen. Damit kann der E-Coach einen persönlichen Kontakt aufbauen. Die zwingend notwendige Verbindlichkeit der Vorsätze wird erheblich gesteigert.

Während beim E-Tutoring die Lernziele und -inhalte, aber auch die methodischen Schritte durch das Curriculum bzw. den Tutor bestimmt werden, definieren die Lerner in Transferaufgaben ihre individuellen Kompetenzziele, evtl. mit Unterstützung des E-Coaches, selbst und übernehmen auch die Verantwortung für die Gestaltung der Kompetenzentwicklungsprozesse. Sie ermöglichen ihren Praxistransfer dabei durch eine strukturierte Selbstreflexion, bei der sie wiederum durch den E-Coach beraten werden können.

Überträgt E-Tutoring eher das Bild des Lehrer-Schüler-Verhältnisses in den virtuellen Raum, bildet E-Coaching Prozesse der Kompetenzentwicklung in der betrieblichen Praxis ab. E-Tutoring wird deshalb in erster Linie durch den E-Tutor, E-Coaching aber durch die Lerner selbst initiiert. E-Coaching unterstützt selbstorganisiertes Lernen, das durch die Lerner selbst verantwortet wird und fördert Prozesse des Selbst-Coaching und der Hilfe zur Selbsthilfe. Damit ist der Lerner Partner des Coaches und kommuniziert mit ihm auf Augenhöhe, anders als bei einem „Lehrer-Schüler-Verhältnis" im E-Tutoring. Im E-Coaching-Prozess kommt der Balance aus Unterstützung und Ermutigung zur Selbsthilfe eine besondere Bedeutung zu. Der E-Coach sollte deshalb zwar eine vertrauensvolle Beziehung zu seinem Coachee aufbauen, aber gleichzeitig einen professionellen Abstand wahren.

3.3 Praxisbeispiel: Blended-Learning-Prozess

Die Lernprozess-Organisation, insbesondere der Ermöglichungsrahmen, wird durch die betrieblichen Anforderungen geprägt. In diesem vorgegebenen Rahmen steuern die Mitarbeiter von Anfang an ihre Lernphasen selbst, sodass sie ihre Kompetenz zum eigenverantwortlichen Lernen systematisch entwickeln. Im Rahmen der Transferaufgaben bauen sie gleichzeitig ihre Kompetenzen auf, die sie am

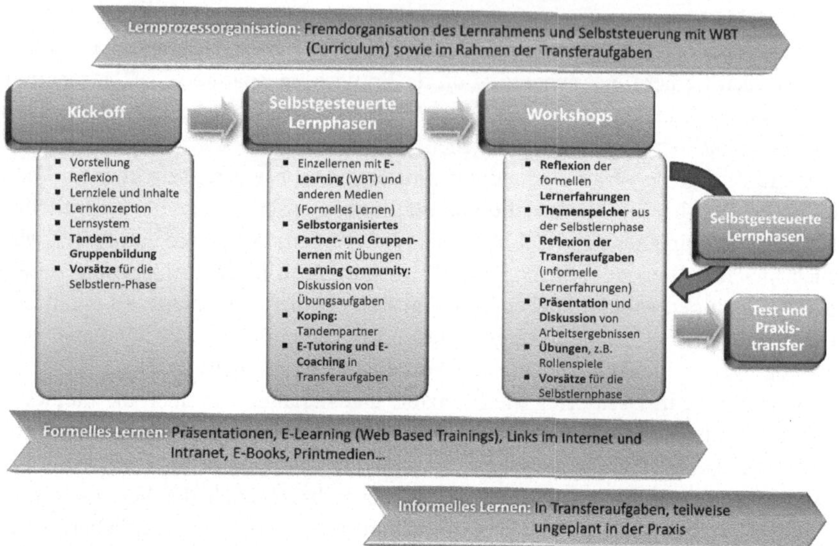

Abb. 3.2 Struktur des Blended-Learning-Prozesses. (Eigene Darstellung)

Arbeitsplatz benötigen. Dieser Blended-Learning-Prozess basiert auf den Elementen in Abb. 3.2.

Der Lernprozess startet mit einem *Einführungs-Workshop* (*Kickoff*), in dem die Lerner in das Lernsystem eingeführt werden, erste Lernstrategien dargelegt und das Konzept der netzbasierten Lernwegflankierung erläutert bekommen. Sie lernen sich im Rahmen persönlichkeitsorientierter Entwicklungsmaßnahmen in verschiedenen Sozialformen näher kennen und bilden zum Ende des Seminars Lerntandems für die gesamte Lernzeit sowie Lerngruppen (KOPING-Konzept). Abschließend werden für die kommenden selbstgesteuerten Lernphasen verbindliche Vereinbarungen getroffen. Diese hohe Verbindlichkeit ist eine der wesentlichen Voraussetzungen für den Erfolg der selbstorganisierten Lernprozesse.

In den *selbstgesteuerten Lernphasen* steuern die Mitarbeiter ihre Lernprozesse auf der Grundlage der transfer- und projektorientierten Aufgabenstellungen in den jeweiligen WBT sowie im Rahmen der Vereinbarungen mit ihren Lernbegleitern bzw. mit ihren Lernpartnern weitgehend selbst. Der Lernerfolg wird über Tests, aber auch anhand von Lösungen zu den Transferaufgaben, Projektergebnissen oder Arbeitsergebnissen gemessen. Diese Prozesse werden durch Lernpartnerschaften, Lerngruppen und Lernbegleiter flankiert, deren Rolle sich immer mehr zu E-Coaches wandelt.

Den „Roten Faden" der selbstorganisierten Lernphasen bilden Web Based Trainings, die mit Videos und Podcasts verknüpft werden. Damit können sich die Mitarbeiter das gesamte Fachwissen selbstgesteuert in aufgabenbezogenen Lernszenarien erarbeiten. In die Lernprogramme wurden konsequent unternehmensspezifische Arbeitsinstrumente, Prozessbeschreibungen oder Argumentationsleitfäden für die Produkte der Unternehmung integriert. Ergänzt werden diese Lernprogramme durch Tests sowie die Möglichkeit, die Wissensbasen auszudruckenund das erworbene Wissen in der Praxis sowie in kleineren Projekten, die im Laufe der Lernprozesse zunehmend komplexer werden, anzuwenden. Die Projekte werden meist in Gruppen bearbeitet.

Die Web Based Trainings (WBT) übernehmen im Blended Learning folgende Rollen:

- *Wissensaufbau*: Die Mitarbeiter erarbeiten sich nach ihrem persönlichen Bedarf, mit ihrer individuellen Lernmethodik und Lerngeschwindigkeit das erforderliche Fachwissen, das in den WBT didaktisch-methodisch aufbereitet ist.
- *Wissensverarbeitung*: Über offene Aufgaben, die einzeln, mit Lernpartnern, in Lerngruppen oder in Webinaren bzw. Workshops mit Lernbegleitern und Fachexperten bearbeitet werden, wird das erworbene Wissen in komplexen Aufgaben angewandt und damit gesichert.
- *Wissenstransfer*: Die WBT enthalten weiterhin unternehmensspezifische Transferaufgaben, in denen die Mitarbeiter das erworbene Wissen auf eigene Problemstellungen in ihrer Praxis anwenden.

Die Mitarbeiter erhalten über die WBT laufend Rückmeldungen über ihren Lernerfolg. Diese Messungen basieren auf einem Scoringsystem, das die erfolgreich gelösten standardisierten Aufgaben in Prozenten widerspiegelt. Diese laufende Rückmeldung ist die notwendige Voraussetzung für das eigenverantwortliche und verbindliche Lernen.

Zur Förderung der Kommunikation und des Erfahrungsaustausches der Lerner untereinander, aber auch mit dem Lernbegleiter oder Experten werden vor allem folgende Kommunikationsinstrumente genutzt:

- *Forum*: In jedem Themenblock, z. B. zu einzelnen Kapiteln im WBT, können die Lerner die Beiträge lesen, Fragen stellen, eigene ergänzende Beiträge und evtl. Anhänge einfügen, Kommentare abgeben und Diskussionen führen. Foren werden deshalb besonders für die Diskussion offener Aufgaben im WBT genutzt.
- *Webinare*: In diesem Kommunikationsraum, der auch eine Chatfunktion enthält, können die Lerner Themen bearbeiten und diskutieren. Auch die Lernbegleiter treffen sich in diesem Rahmen online mit ihrem Kurs, sofern sich die

Lerner nicht regelmäßig innerhalb von etwa vier Wochen mit ihrem Lernbegleiter in einem Workshop treffen können. Damit kann der verbindliche „Spannungsbogen“, der die Voraussetzung für eine erfolgreiche Selbstlernphase ist, aufrechterhalten werden. Auch zwischen den Workshops werden relativ kurze Online-Treffen mit dem Lernbegleiter regelmäßig, z. B. einmal pro Woche zu einem definierten Termin im Web durchgeführt. Der Lernbegleiter bespricht mit seinem Kurs die offenen Fragen aus dem gemeinsamen Themenspeicher und trifft verbindliche Vereinbarungen für die kommende Woche.

- *Weblogs (Blogs)*: Diese persönlichen Lerntagebücher werden durch die Bedürfnisse, Interessen und Erfahrungen der Lerner geprägt. Weblogs spiegeln die individuellen Lernkarrieren der Mitarbeiter wider, sie werden zu Instrumenten der Reflexion der Lerninhalte, aber auch der eigenen Lernprozesse.
- *Wiki*: Im Rahmen dieser Lernprozesse werden Wikis vor allem von Lerngruppen genutzt, die gemeinsame Ergebnisse in einem kommunikativen Prozess entwickeln.

In die *Präsenz-Workshops* bringen die Mitarbeiter offene Fragen ein und präsentieren ihre Lösungen zu Fallstudien oder Transferaufgaben, die sie z. B. in Lerngruppen erarbeitet haben. Im Laufe der Blended-Learning-Prozesse gewinnen jedoch immer mehr Fragen zu den Herausforderungen in der Praxis an Bedeutung, die anhand der Lerntagebücher gemeinsam bearbeitet werden. Am Ende jedes Präsenzseminars werden verbindliche Vereinbarungen für die nächste Selbstlernphase getroffen.

3.4 Bewertung

Blended Learning Arrangements, die nach dieser Konzeption gestaltet werden, bieten folgende Vorteile:

- Effiziente Qualifizierung durch aktivitätsorientiertes, selbstgesteuertes Lernen,
- erheblich reduzierte Anzahl innerbetrieblicher Seminartage, da der Wissensaufbau primär in die Verantwortung der Lerner verlagert wird, auf etwa ein Drittel oder weniger der bisherigen Ausbildungsseminare,
- konsequente Förderung des eigenverantwortlichen Denkens und Handelns (Lebenslanges Lernen),
- bedarfsgerechte Verknüpfung von Präsenzunterricht, Tandem- und Gruppenarbeit sowie selbstorganisiertem Lernen mit E-Learning,
- unternehmensbezogene Web Based Trainings, Videos und Podcasts für den Lernbedarf der Teilnehmer sowie
- optimale Vorbereitung auf evtl. Abschlussprüfungen.

Literatur

Bauer CA (2011) User generated content. Springer, Heidelberg

Baumgartner P (2013) Micro-Learning. Vier didaktische Herausforderungen. http://peter.baumgartner.name/2013/06/23/microlearning-vier-didaktische-herausforderungen/. Zugegriffen: 01. Juli 2013

Erpenbeck J, Sauter W (2007) Kompetenzentwicklung im Netz – New Blended Learning mit Web 2.0. Luchterhand, Köln

Erpenbeck J, Sauter W (2013) So werden wir lernen! Kompetenzentwicklung in einer Welt fühlender Computer, kluger Wolken und sinnsuchender Netze. Springer Gabler, Berlin

Hattie John AC (2009) Visible learning. A synthesis of over 800 meta-analyses relating to achievement. Routledge, London

Hoberg A, Gohlke P (2011) Selbstorganisiertes Lernen 2.0. Ein neues Lernkonzept für die betriebliche Weiterbildung. In: Hofmann J, Jarosch J (Hrsg) HMD – Praxis der Wirtschaftsinformatik, 48. Jahrgang – Heft 277 – Februar 2011, S 63–72

Kerres M (2012) Mediendidaktik. Konzeption und Entwicklung mediengestützter Lernangebote, 3. Aufl. Oldenbourg, München

Kuhlmann A, Sauter W (2008) Innovative Lernsysteme – Kompetenzentwicklung mit Blended Learning und Social Software. Springer, Heidelberg

Miyashiro MR (2013) Der Faktor Empathie – Ein Wettbewerbsvorteil für Teams und Organisationen, Junfermann, Paderborn

MMB-Institut (2014) MMB-Trendmonitor I/2012. Learning Delphi 2012. http://www.mmb-institut.de/mmb-monitor/trendmonitor/MMB-Trendmonitor_2014_II.pdf. Zugegriffen: 12. Dez. 2014

Mutzeck W (2005) Von der Absicht zum Handeln – Möglichkeiten des Transfers von Fortbildung und Beratung in den Berufsalltag. In: Huber AA (Hrsg) Vom Wissen zum Handeln. Ansätze zur Überwindung der Theorie-Praxis-Kluft in Schule und Erwachsenenbildung. Ingeborg Huber, Tübingen, S 79–97

Pachner A (2009) Entwicklung und Förderung von selbst gesteuertem Lernen in Blended-Learning-Umgebungen. Eine Interventionsstudie zum Vergleich von Lernstrategietraining und Lerntagebuch. Waxmann, Münster

Sauter W (1994) Vom Vorgesetzten zum Coach der Mitarbeiter (Diss.). Deutscher Studienverlag, Weinheim

J. Erpenbeck et al., *E-Learning und Blended Learning,* essentials,
DOI 10.1007/978-3-658-10175-6

Sauter A, Sauter W (2004) Blended Learning – Effiziente Integration von E-Learning und Präsenztraining, 2. überarb. Aufl. Luchterhand, Unterschleißheim

Sauter SM, Sauter W (2014) Workplace learning. Integrierte Kompetenzentwicklung mit kooperativen und kollaborativen Lernsystemen. Springer Gabler, Berlin

Schmidt EM (2005) Kommunikative Praxisbewältigung in Gruppen (KOPING) – Ein in der Praxis bewährtes Konzept zur Handlungsmodifikation. In: Huber A (Hrsg) Vom Wissen zum Handeln. Ansätze zur Überwindung der Theorie-Praxis-Kluft in Schule und Erwachsenenbildung. Ingeborg Huber, Tübingen

Wahl D (1991) Handeln unter Druck – Der weite Weg vom Wissen zum Handeln bei Lehrern, Hochschullehrern und Erwachsenenbildnern. Deutscher Studien Verlag, Weinheim

Wahl D (1995) Grundkonzeption. In: Wahl D, Wölfing W, Rapp G, Heger D (Hrsg) Erwachsenenbildung konkret, 4. Aufl. Deutscher Studien Verlag, Weinheim

Wahl D (2011) Der Advance Organizer: Einstieg in eine Lernumgebung. In: Grunder HU, Moser H, Kansteiner-Schänzlin K (Hrsg) Bd 2, Perspektive 1, Zürich. http://www.prof-diethelm-wahl.de/pdf/Perspektive.pdf. Zugegriffen: 12. Jan. 2015

Wahl D (2013) Lernumgebungen erfolgreich gestalten – Vom trägen Wissen zum kompetenten Handeln, 3. Aufl. Klinhardt, Bad Heilbrunn